어린이 성품 가이드 2-2단계
재미있는 성품학교

나는 행복한 성품의 리더

_____ 입니다.

어린이 성품 가이드 2-2단계
재미있는 성품학교

초판 1쇄 펴낸 날 | 2014년 3월 20일

지은이 | 폴정 · 우수명　**펴낸이** | 우수명
펴낸 곳 | 아시아코치센터

등록번호 | 제129-81-80357호　**등록일자** | 2005년 1월 12일

주소 | 서울시 강남구 테헤란로 25길 30 4층 (역삼동, 한라빌딩)
주문 | 영업부 | 031-905-0434, 0436　팩스 031-905-7092
본사 | 편집부 | 02-538-0409, 3959　팩스 02-566-7754
아시아코치센터 | 02-566-7752　팩스 02-566-7754

값 12,000원

ISBN 978-89-93288-43-8　ISBN 978-89-93288-41-4(전 2권 세트)
• 잘못되거나 파손된 책은 구입하신 서점에서 교환해 드립니다.
종이 씨그마페이퍼　출력 대산아트컴　인쇄 보광문화사　제책 국일문화사

www.Asiacoach.co.kr

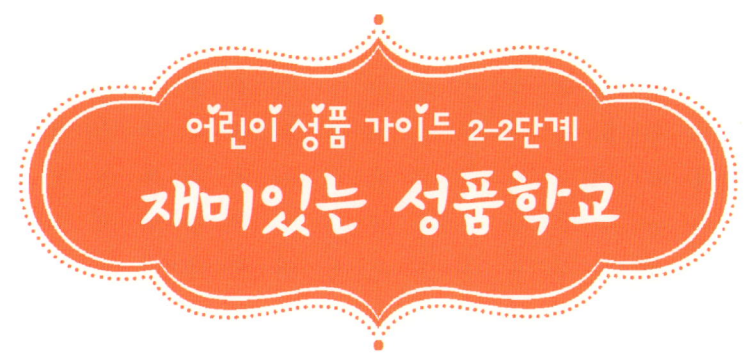

아시아코치센터

 머리말

　여러분은 친구를 사귈 때 무엇을 가장 먼저 보나요?
　만일 친구가 여러분을 친절하고 상냥하게 대한다면 여러분은 자연히 그 친구와 가까워지려고 할 거예요. 이런 마음은 누구나 똑같지요. 만약 여러분의 성품이 좋다면, 친구들은 분명 그 성품을 보고 친해지고 싶어 할 테니까요.
　그럼 '성품'이란 무엇일까요? 모든 사물에 '딱딱하다', '부드럽다' 같은 성질이 있듯이, 모든 사람에게는 그만의 고유한 바탕이 있어요. 이렇게 사람이 지닌 됨됨이를 가리켜 '성품'이라고 합니다.
　어른이 되면 성품이 좋은 사람을 더 존중하고 귀하게 여깁니다. 성품은 한순간에 만들어지지 않기 때문이에요. 마치 거친 바위가 멋진 조각품이 되기까지 아주 오랜 시간이 걸리는 것처럼 말이지요.

성품이 좋은 사람이 되기 위해서 어떻게 해야 할까요?

여러분이 잘못했을 때를 떠올려 보세요. 부족한 점을 깨닫고 바로잡아 좋은 습관이 몸에 익도록 실천해야만 다음번에 조심할 수 있는 것처럼, 성품도 잘못을 깨닫고 반성해야 얻을 수 있어요.

이 책은 여러분의 성품이 쑥쑥 자라날 수 있도록 돕기 위해 만들어졌어요. 여러분이 생활 속에서 부딪힐 수 있는 다양한 상황을 통해 친구들과 함께 이야기를 나눌 수 있고, 위인들의 이야기를 통해 그들의 훌륭한 성품을 배울 수 있어요. 또 재미있는 놀이를 통해 실천하는 힘을 키울 수 있어요.

여러분에게는 아주 멋진 꿈이 있을 거예요. 무엇보다 리더가 되고자 하는 꿈이 있다면 어릴 때부터 좋은 성품을 배우고 생활에서 실천하는 훈련이 필요해요. 왜냐하면 사람들은 모두 좋은 성품을 지닌 사람을 따르고 싶어 하기 때문이지요.

이 책을 재미있게 읽으면서 성품 훈련을 하는 동안 자신도 모르게 좋은 성품의 씨앗이 심겨질 거예요. 그리고 그 씨앗은 무럭무럭 자라 여러분이 훗날 존경받는 리더가 될 수 있는 기초가 되어 줄 것입니다. 자, 그럼 이제 성품의 리더가 될 준비를 해 볼까요?

차례

머리말 　 4

솔선

솔선이란,
남보다 앞장서서 행동하여
몸소 다른 사람의 본보기가 되는 것

1. 솔선이란 무엇일까요?　 10
2. 리더들을 통해 배워 봅시다　 18
3. 실제 생활에서 배워 봅시다　 24
4. 점검 및 확인하기　 32

존중

존중이란,
나와 다른 사람을 소중하게 생각하고
귀하게 대하는 것

1. 존중이란 무엇일까요?　 40
2. 리더들을 통해 배워 봅시다　 48
3. 실제 생활에서 배워 봅시다　 54
4. 점검 및 확인하기　 62

신뢰

신뢰란,

어떤 사람 또는 어떤 사물에 대한

강한 믿음이나 확신을 가지고 의지하는 것

1. 신뢰란 무엇일까요?   70
2. 리더들을 통해 배워 봅시다   78
3. 실제 생활에서 배워 봅시다   84
4. 점검 및 확인하기   92

협동

협동이란,

서로의 마음과 힘을

합하여 함께하는 것

1. 협동이란 무엇일까요?   100
2. 리더들을 통해 배워 봅시다   108
3. 실제 생활에서 배워 봅시다   114
4. 점검 및 확인하기   122

남보다 앞장서서 행동하여 몸소 다른 사람의 본보기가 되는 것

행동 목표

1. 다른 사람이 하기 전에 내가 먼저 한다.
2. 귀찮은 일일수록 먼저 앞장서서 해결한다.
3. 부모님이 말씀하시기 전에 먼저 집안일을 도와 드린다.

1. 솔선이란 무엇일까요?

수업 목표: 솔선의 뜻을 이해하고 왜 솔선해야 하는지 배운다.

다음 이야기에서 무엇을 배울 수 있을까요?

백조 이야기

우아하고 아름다운 백조는 동화 속에 자주 등장하는 새입니다. 우리나라에서는 '고니'라고 부르지요. 백조는 시속 160킬로미터(한 시간에 160킬로미터를 가는 속도)로 매우 빠르게 날 수 있습니다. 뿐만 아니라 아주 높은 곳까지 날아오를 수 있습니다.

아름다운 백조가 하늘을 나는 모습은 정말 멋집니다. 약 25마리의 백조가 V자 모양을 이루면서 하늘을 납니다. 이때 가장 나이 많은 백조가 선두에 서서 무리를 이끕니다.

　나이 많은 백조는 맨 앞에서 모진 바람과 싸우고, 또 어려운 일을 해결하면서 자신을 따르는 백조들을 지켜 냅니다. 뒤에서 따르는 백조들은 나이 많은 백조의 모범적인 행동을 보고 배웁니다.

　이처럼 백조 한 마리의 희생으로 한 무리의 백조들은 아주 먼 곳까지 안전하게 여행을 할 수 있습니다. 이렇게 백조들이 무리를 지어 하늘을 날면 혼자 하늘을 날 때보다 3배나 더 멀리 날아갈 수 있다고 합니다.

　만약 25마리의 백조들 중 아무도 앞장서려고 하지 않는다면 어떻게 될까요? 그 무리의 백조들은 무사히 여행을 마칠 수 있을까요?

1) 솔선이란 무슨 뜻일까요?

솔선이란 어떤 일을 할 때 다른 사람보다 앞장서서 행동하는 것입니다. 또한 누가 시키기 전에 무엇을 해야 할지 알고 행동하는 것입니다.

준수는 정해진 시간에 스스로 숙제를 합니다.

미진이는 더 튼튼해지기 위해 아침마다 달리기를 합니다.

솔선을 실천하는 사람은 다른 사람들의 모범이 됩니다.

내가 솔선해서 해야 할 일들은 무엇이 있을까요?

솔선이란 하기 어려운 일도 다른 사람을 위해서 기꺼이 하는 행동입니다.

상민이는 가장 먼저 나와 집 앞의 눈을 치웁니다.

희연이는 엄마가 오시기 전에 미리 설거지를 해놓습니다.

솔선을 실천하는 사람은 다른 사람들에게 도움을 줍니다.

그림의 친구들처럼 솔선하는 태도를 기르기 위해서는 어떤 마음을 가져야 할까요?

2) 솔선하는 사람과 그렇지 못한 사람을 비교해요

다음은 솔선하지 못하는 사람의 태도입니다.

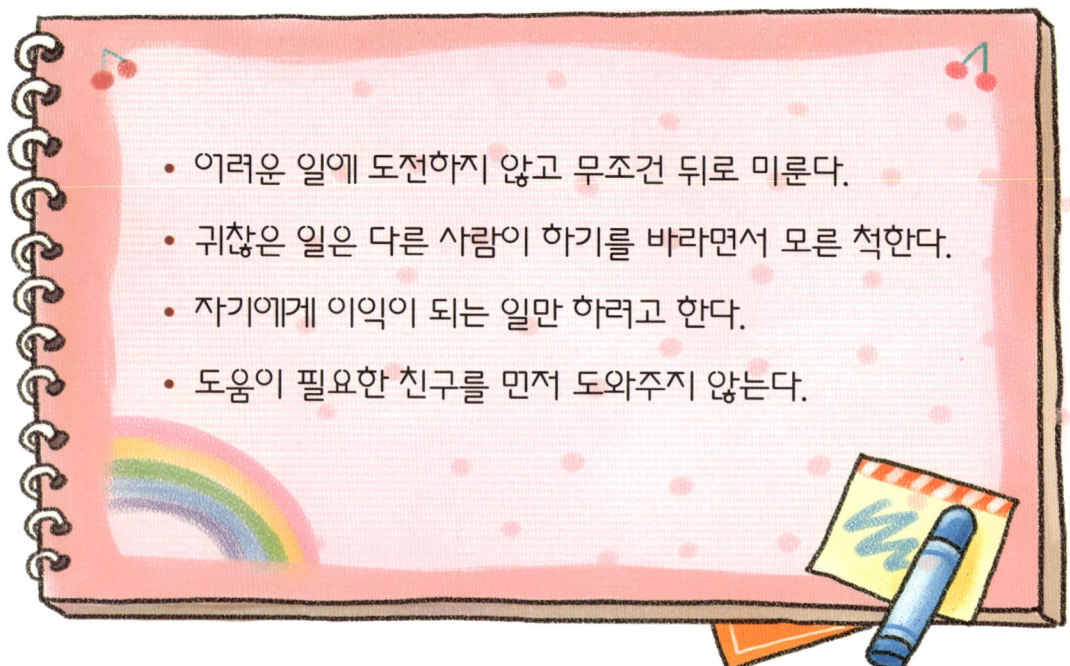

- 어려운 일에 도전하지 않고 무조건 뒤로 미룬다.
- 귀찮은 일은 다른 사람이 하기를 바라면서 모른 척한다.
- 자기에게 이익이 되는 일만 하려고 한다.
- 도움이 필요한 친구를 먼저 도와주지 않는다.

　이처럼 솔선하지 못하는 사람에게는 어떤 일을 누군가가 대신 해 주기를 바라는 마음이 있습니다. 이런 사람은 다른 사람에게 어떤 영향을 줄까요?

그렇다면 솔선하는 사람은 주위에 어떤 영향을 줄까요?

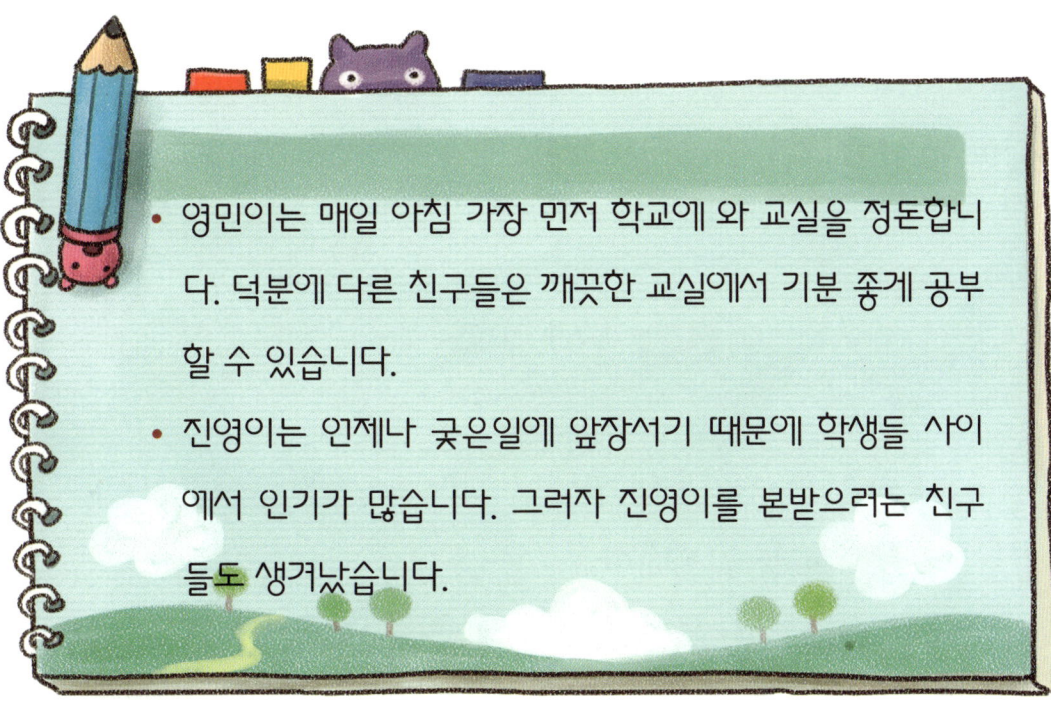

- 영민이는 매일 아침 가장 먼저 학교에 와 교실을 정돈합니다. 덕분에 다른 친구들은 깨끗한 교실에서 기분 좋게 공부할 수 있습니다.
- 진영이는 언제나 궂은일에 앞장서기 때문에 학생들 사이에서 인기가 많습니다. 그러자 진영이를 본받으려는 친구들도 생겨났습니다.

솔선하는 사람이 되기 위해서는 무엇을 해야 할지 생각해 보고 그렇게 하지 못했던 경험이 있다면 그 이유가 무엇인지 말해 보세요.

3) 나도 솔선하는 사람이 될 수 있어요

솔선하는 사람이 되기 위해서는 솔선이 무엇인지 알아야 합니다. 다음 활동을 해 보세요.

활동 솔선 퀴즈 놀이

목표: 퀴즈 놀이를 통해 솔선인 것과 아닌 것을 구분하면서 솔선의 뜻을 배운다.

준비물: 여러 가지 퀴즈를 적을 작은 종이, 필기도구

방법

1. 우리 생활 속에서 흔히 볼 수 있는 행동 중, 솔선과 솔선이 아닌 것에 대해 잠시 생각해 봅니다.
2. 오른쪽의 예와 같이 구분해서 적어 봅니다.
3. 이제 모둠별로 한 사람씩 나온 다음 퀴즈 목록 중 하나를 골라 표정과 행동으로 다른 친구들에게 설명해 줍니다.
4. 친구의 행동을 보고 솔선인지 아닌지를 맞혀 봅니다.

퀴즈 목록의 예

- 민기는 앞장서서 거실 책장 정리를 합니다.
- 진수는 바닥에 쓰레기가 떨어져 있으면 주워서 쓰레기통에 넣습니다.
- 상민이는 눈이 왔을 때 가장 먼저 집 앞의 눈을 치웁니다.

솔선이 아닌 것

- 민재는 귀찮다고 방 청소를 하지 않습니다.
- 진기는 엄마가 시키면 그때 숙제를 합니다.
- 상훈이는 누군가 집 앞의 눈을 치워 주길 바랍니다.

솔선은 어떤 일을 할 때 앞장서서 적극적으로 하는 것입니다. 내가 학교에서 솔선할 수 있는 일은 어떤 것이 있는지 생각해 보세요.

2. 리더들을 통해 배워 봅시다

수업 목표: 훌륭한 리더들의 이야기를 읽고 솔선의 중요성을 배운다.

솔선하는 자세로 한글을 만든
세종 대왕

지금 우리가 쓰고 있는 한글은 누가 만들었을까요? 바로 조선 시대의 세종 대왕입니다. 백성을 사랑하는 마음이 남달랐던 세종 대왕은 많은 업적을 남겼는데, 그중에서도 한글은 가장 빛나는 업적으로 평가받고 있습니다.

훈민정음이 만들어지기 전에는 중국의 문자인 한자를 쓰거나 이두(한자의 음과 뜻을 빌려 우리말을 적은 표기법)를 사용했습니다. 하지만 한자나 이두는

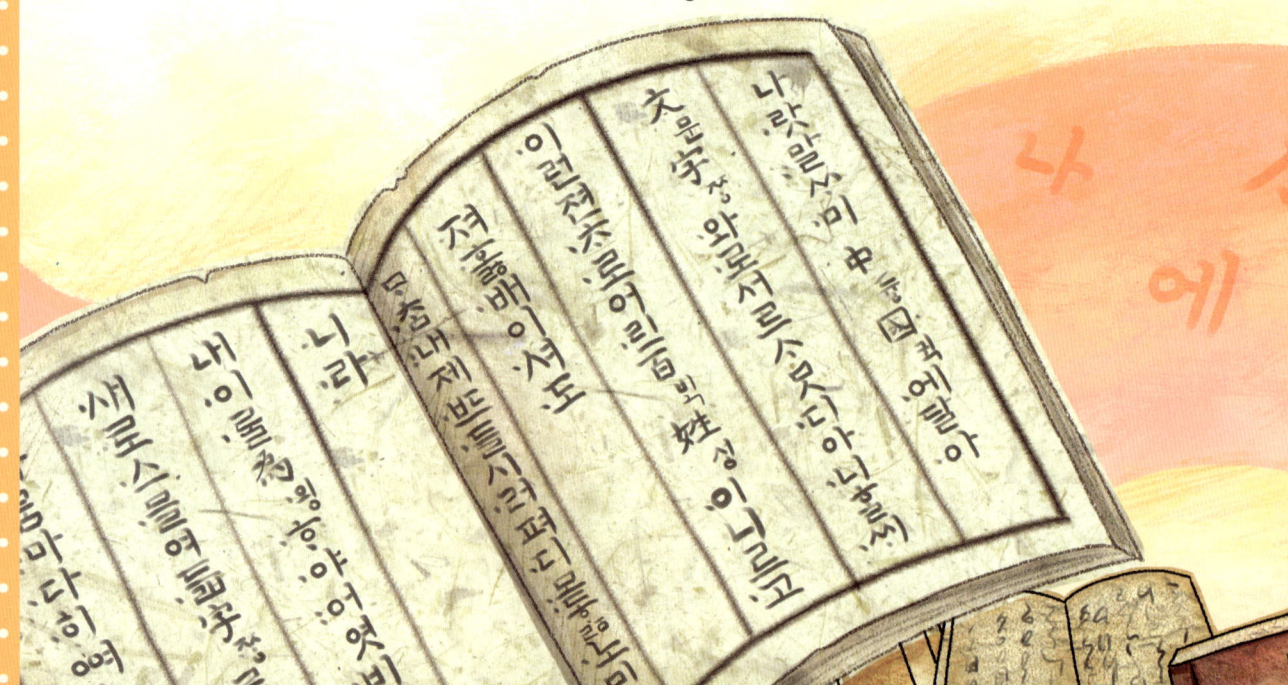

너무 어려워서 배우는 데 오랜 시간이 걸렸습니다.

조선의 미래를 걱정하며 백성들의 불편함을 모른 척할 수 없었던 세종 대왕은 직접 문자를 만들기로 결심했습니다. 하지만 새로운 문자를 만드는 일은 쉽지 않았습니다. 그래서 세종 대왕은 집현전의 학자들과 밤낮으로 연구했습니다. 그 결과 1443년에 드디어 한글이 탄생했습니다.

이렇게 만들어진 한글은 '훈민정음'이라는 이름으로 1446년에 반포(세상에 널리 퍼뜨려 모두 알게 함)되었습니다. 훈민정음이란 '백성들을 가르치는 소리'라는 뜻입니다.

몇몇 관리들이 한글 사용을 반대했지만 세종 대왕은 이에 아랑곳하지 않았으며, 오히려 한글을 더욱 다듬고 한글로 된 서적도 펴냈습니다.

세종 대왕을 비롯하여 여러 학자들의 엄청난 노력과 지혜가 깃든 한글은 일반 백성들을 중심으로 점차 많은 사람들이 사용하게 되었으며, 광복 이후에는 우리나라의 문자로 완전히 자리 잡게 되었습니다.

🌼 **교훈** 　세종 대왕은 왕의 자리에서 편안하게 살 수 있었지만, 백성들을 위해 솔선하여 새로운 문자를 만들었습니다.

솔선의 표본이 된 로완 중위

1898년, 쿠바를 놓고 미국과 에스파냐 사이에 전쟁이 벌어졌습니다. 당시 쿠바는 에스파냐가 다스리고 있었습니다. 하지만 미국은 쿠바와의 무역에서 굉장히 많은 돈을 벌었습니다. 그래서 쿠바를 사이에 두고 전쟁이 벌어진 것입니다.

전쟁이 한창일 무렵, 미국의 매킨리 대통령은 가르시아 장군에게 밀서(몰래 보내는 편지나 문서)를 전달하려고 했습니다. 가르시아 장군은 쿠바의 혁명군을 지휘하던 장군이었습니다. 하지만 매킨리 대통령은 가르시아 장군이 어디에 있는지, 또 어떤 상황에 놓여 있는지 알 수 없었습니다.

대통령이 누구에게 이 어려운 임무를 맡겨야 할지 고민하고 있을 때 한 사람이 로완 중위를 추천했습니다. 당시 미국은 에스파냐보다 불리한 상황이었습니다. 게다가 전쟁 중에 적의 부대로 직접 가는 것은 무척 위험했습니다. 그러나 로완 중위는 명령이 떨어지자 가르시아 장군이 어디에 있는지 질문하지 않고, 아무런 망설임 없이 쿠바로 향했습니다.

가르시아 장군을 만나러 가는 길은 역시 험난했습니다. 때로는 쿠바 사람들의 도움을 받기도 하면서 여러 가지 위기 상황을 잘 넘긴 로완 중위는 마침내 가르시아 장군에

게 밀서를 전달할 수 있었습니다.

　며칠이 지나 앨버트 후버드라는 기자가 로완 중위의 이야기를 듣게 되었습니다. 이 이야기에 감동을 받은 기자는 '가르시아에게 보내는 밀서'라는 제목으로 기사를 썼습니다. 이를 통해 자기 자신을 먼저 생각하는 것이 아니라 나라를 위해 헌신했던 로완 중위의 이야기가 전 세계로 퍼져 나갔습니다. 그리고 이 기사를 읽은 사람들은 모두 로완 중위의 용기 있는 행동에 깊은 감명을 받았습니다.

교훈 로완 중위는 명령을 받았을 때 가르시아 장군이 어디에 있는지 묻기보다는 어떻게 전달할 것인지를 생각하며 솔선하는 자세로 위험한 임무를 해냈습니다.

　로완 중위의 이야기가 왜 사람들의 마음을 감동시켰을까요? 바로 그의 솔선하는 자세가 진정한 본보기가 되었기 때문입니다. 이 외에도 솔선과 관련된 리더로 누가 있는지 조사하여 말해 봅시다.

앞장서서 행동하는 **솔선**

1) 우리도 솔선을 실천할 수 있어요

우리도 솔선하는 사람이 될 수 있습니다. 다음 활동을 해 보세요.

 내가 솔선의 주인공

목표: 앞에 나온 로완 중위의 이야기를 역할극으로 해 보며 솔선의 태도를 배운다.

준비물: 솔선 성품 메달(역할극 전에 모둠별로 자유롭게 종이와 색연필, 스티커, 가위 등을 이용해 만들기)

방법

1. 모둠별로 솔선 성품 메달을 예쁘게 만듭니다.
2. 정해진 시간 동안 모둠별로 로완 중위 이야기를 역할극으로 꾸며 봅니다.
3. 연습을 마친 후 각 모둠별로 역할극을 발표합니다.
4. 역할극을 하는 과정에서 가장 솔선하여 참여한 어린이 한 명을 모둠별로 선정해 솔선 성품 메달을 걸어 줍니다.

로완 중위의 솔선 이야기를 통해 어떤 점을 배웠나요?

솔선하는 사람은 모든 일에 적극적이기 때문에 리더의 역할을 하게 됩니다.

숙제: 평소에 솔선하기 어려운 일이 있었다면 그 일이 무엇인지 생각해 보고, 왜 어려웠는지 적어 오기.

3. 실제 생활에서 배워 봅시다

수업 목표: 실제 생활 속의 이야기를 통해 솔선을 배우고 적용한다.

솔선으로 교실을 깨끗하게 만든 은찬이

은찬이네 학교에서는 우유갑을 버릴 때 물에 한 번 헹군 뒤 잘 접어서 종이만 따로 모으는 상자에 넣어야 합니다. 그런데 많은 친구들이 우유갑을 물에 헹구지 않고 그냥 발로 콱 밟은 다음 상자에 버립니다. 그러면 우유갑에 남아 있던 우유가 찍 하고 흘러나와 다른 종이를 적시고, 바닥도 지저분해집니다. 게다가 시간이 지나면 이상한 냄새도 납니다.

은찬이는 지저분해진 상자를 보며 어떻게 하면 분리수거를 깨끗하게 할 수 있을지에 대해 곰곰이 생각해 보았습니다. 한참을 고민하던 은찬이에게 좋은 생각이 떠올랐습니다.

"그래, 나부터 먼저 모범을 보이는 거야!"

은찬이는 선생님께 도움을 청하여 우유갑만 따로 버릴 수 있는 플라스틱 상자를 구했습니다. 그리고 그 상자에 '4학년 3반 우유갑 분리수거'라는 종

이름 크게 써 붙인 다음 상자를 교실 뒤쪽에 두었습니다.

다음 날 우유 급식 시간이 되었습니다. 은찬이는 우유를 다 먹고 나서 먼저 우유갑을 물에 헹군 뒤 잘 접어 플라스틱 상자에 넣었습니다. 그리고 친구들에게도 우유갑을 꼭 물에 헹군 뒤 상자에 넣자고 이야기했습니다.

친구들은 처음에 조금 귀찮아했지만 곧 은찬이의 제안을 따르게 되었습니다. 더 이상 냄새도 나지 않고 학교도 깨끗해졌기 때문입니다. 그 뒤로는 모두들 우유갑 분리수거를 잘 지켰습니다.

은찬이는 자신이 솔선하여 시작한 일이 좋은 결과를 맺게 되어서 정말 기뻤습니다. 그리고 용기를 내어 모범을 보이길 잘했다는 생각도 했답니다.

솔선하는 사람은 다른 사람이 하지 못하는 경험을 많이 할 수 있습니다. 여러분은 솔선을 통하여 어떤 경험을 할 수 있었나요?

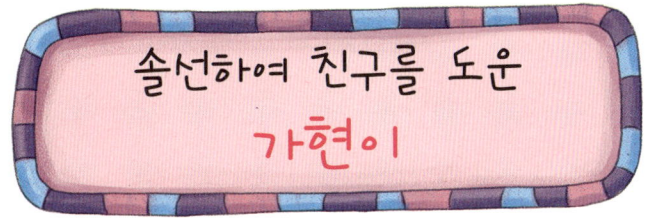

솔선하여 친구를 도운 가현이

가현이네 반에는 몸이 불편한 친구가 있었어요. 그 친구의 이름은 현빈이었지요. 비록 몸은 불편했지만 현빈이는 밝고 명랑한 아이였어요. 그래서 현빈이 주변에는 항상 친구들이 많았지요.

현빈이는 늘 휠체어를 타고 학교에 다녔어요. 학교를 오갈 때는 어머니가 휠체어를 밀어 주셨지요. 하지만 학교에서는 거의 모든 일을 스스로 했어요. 물론 바닥에 떨어진 연필을 줍는다거나 책장 높은 곳에 있는 책을 꺼낼 때는 반 친구들이 도와주어야 했지요. 그때마다 친구들은 기꺼이 현빈이를 도와주었어요.

그러던 어느 날이었어요. 수업을 시작할 때가 되었는데 현빈이가 학교에 오지 않는 거예요. 아이들은 모두 현빈이를 걱정했어요. 그때 담임 선생님이 들어오셔서 아이들에게 말씀하셨어요.

"여러분, 현빈이 어머니가 교통사고로 입원을 하셨어요. 현빈이가 혼자 오기에는 턱도 많고 길도 여러 번 건너야 해서 무척 위험해요. 내일부터 누군가 현빈이를 도와주어야 할 거 같아요."

아무도 선뜻 나서지 않았어요. 현빈이네 집에 들렀다 오려면 아침에 더 일찍 일어나야 했기 때문이에요. 그때 가현이가 솔선해서 손을 들었어요.

"선생님, 제가 현빈이를 도와줄게요."

그날부터 가현이는 일찍 일어나서 현빈이와 함께 학교에 왔어요. 수업을 마친 후에는 현빈이를 집까지 데려다 주었지요. 현빈이와 현빈이 어머니는 무척 고마워했어요. 그리고 현빈이는 자신이 운영하는 블로그에 가현이의 착한 행동을 소개했지요. 그래서 가현이는 많은 사람들에게 칭찬을 받았고, 교장 선생님이 주시는 선행상까지 받게 되었어요.

솔선하는 사람은 말보다 행동으로 옳은 일을 실천합니다. 여러분은 친구들에게 어떤 도움을 줄 수 있나요?

1) 우리도 솔선을 실천할 수 있어요

우리도 솔선하는 사람이 될 수 있습니다. 다음 활동을 해 보세요.

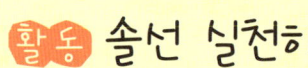 솔선 실천하기

목표: 학교에서 솔선하여 할 수 있는 일을 알아보고 솔선하는 습관을 기른다.
준비물: 모둠별로 종이 한 장씩

방법

1. 4명씩 한 모둠을 만듭니다.
2. 모둠별로 학교에서 솔선할 수 있는 일이 무엇인지 의논하고 적어 봅니다.
3. 각 모둠별로 흩어져 함께 그 일을 해 본 뒤, 다시 교실로 모입니다. 이때 선생님이 정해 주신 시간을 지키는 것이 중요합니다.
4. 교실로 돌아와서 모둠별로 어떤 일을 솔선해서 했는지 이야기하고, 어떤 느낌이 들었는지도 나누어 봅니다.

우리가 학교에서 솔선을 실천한다면 학교 생활이 더욱 즐거워질 거예요. 이번 활동에서 나는 어떤 일을 솔선하여 했나요? 솔선하여 일을 하고 난 뒤의 느낌은 어땠나요?

숙제: 다음 장에 나오는 솔선 성품 점검표를 작성하고, 점검하기.

4. 점검 및 확인하기

수업 목표: 실제 생활 속에서 솔선하는 습관을 기른다.

솔선 성품 점검표 만들고 확인하기

이번 주에 내가 솔선할 수 있는 일들을 다음과 같이 적어 보고 매일 확인해 보세요.

솔선 성품 점검표	월	화	수	목	금	토	일
부모님이 시키기 전에 먼저 집안일을 도와 드린다.							
교실 안에서 지저분한 곳이 보이면 먼저 청소한다.							

잘했으면 ○표, 중간은 △표, 못했으면 ×표 하기

지난 한 주간 솔선을 잘 실천했나요?

솔선하기에 가장 어려웠던 일은 무엇인가요? 또 가장 재미있었던 일은 무엇인가요?

솔선하면서 깨달은 것을 적어 보세요.

1) 서로 이야기해 보세요

 지난주 집과 학교에서 솔선했던 경험을 나누어 봅시다. 다음 활동을 해 보세요.

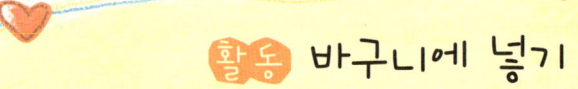 바구니에 넣기

목표: 지난주에 잘 실천한 것은 '솔선 바구니'에, 실천하지 못한 것은 '다시 도전 바구니'에 넣는 활동을 통해 솔선의 습관을 기른다.
준비물: 모둠별로 솔선 바구니, 다시 도전 바구니 하나씩, 한 사람당 쪽지 2장씩

방법
1. 4명씩 한 모둠을 이루어 지난주 솔선하여 했던 것에 대해 나눈 후 지난주에 잘 실천했던 것을 쪽지에 적습니다.
2. 지난주에 솔선을 잘 실천하지 못했던 것을 쪽지에 적어 봅니다. 그리고 솔선 성품 점검표에도 적어 봅니다.
3. 잘 실천한 쪽지는 솔선 바구니에, 잘 실천하지 못한 쪽지는 다시 도전 바구니에 넣습니다.

4. 모둠별로 솔선 바구니에 있는 쪽지들을 보며 서로 "잘했어!"라고 칭찬해 줍니다.
5. 다시 도전 바구니에 넣은 쪽지들을 보며 다음 주에 다시 해 보기로 약속합니다.

지난 한 주간 솔선하여 하지 못한 일들이 있었나요?

어떻게 해야 그 일을 실천할 수 있을까요?

앞장서서 행동하는 솔선 35

2) 정리하고 결심해요

다음은 지금까지 배운 솔선에 대해 다시 한 번 정리한 것입니다. (   ) 안에 들어갈 말을 적어 보세요.

정리 솔선

1. 솔선이란 어떤 일에 대하여 다른 사람보다 (   ) 행동하는 것입니다. 따라서 솔선을 잘 실천하는 사람은 다른 사람들의 모범이 됩니다.
2. 솔선이란 누가 시키기 (   ) 무엇을 해야 할지 알고 그것을 하는 것입니다.
3. 솔선은 하기 (   ) 일도 다른 사람들을 위해 기꺼이 하는 것입니다. 따라서 솔선하는 사람은 다른 사람들에게 도움을 줍니다.
4. 솔선하는 사람은 어떤 일을 할 때 앞장서서 적극적으로 하기 때문에 (   )의 역할을 하게 됩니다.
5. (   )하는 사람은 선생님이나 부모님이 시키는 일이 있으면 즉시 도와 드립니다. 또 어려운 일도 피하지 않고 기꺼이 합니다.

솔선하기, 먼저, 아라도, 싫니, 룰은

이제 솔선에 대한 수업이 끝났습니다. 앞으로 어떻게 행동할지 결심한 것을 말해 보세요.

함께 솔선을 실천한 모둠 친구들 중에 솔선 챔피언은 누구입니까? 이름을 적어 보세요.

나와 다른 사람의 가치를 높여 주는
존중

정의
나와 다른 사람을 소중하게 생각하고 귀하게 대하는 것

행동 목표

1. 튼튼해지기 위해 골고루 먹고 열심히 운동하기
2. 다른 사람을 소중히 여기고 좋은 말을 하기
3. 자연환경을 해치지 않기
4. 하루 한 가지씩 자기 자신에게 칭찬해 주기

1. 존중이란 무엇일까요?

> 수업 목표: 존중의 뜻을 이해하고 왜 존중해야 하는지 배운다.

다음 이야기에서 무엇을 배울 수 있을까요?

달 이야기

아주 오랜 옛날, 땅이 처음 생길 무렵 하늘의 달은 부끄럼쟁이였어요. 그래서 언제나 밝은 태양 뒤에 숨어 있었지요. 태양도 밤에는 잠을 자야 했기에 밤은 늘 깜깜했어요. 깜깜한 밤이 되면 아무것도 할 수 없던 사람들은 점점 불평하기 시작했어요. 참다못한 태양은 달에게 숨어 있지 말고 사람들을 위해 빛을 비춰 달라고 부탁했어요. 그러나 부끄럼쟁이 달은 태양처럼 빛을 밝게 비춰 줄 자신이 없어 망설였답니다. 그러자 태양이 다정한 목소리로 말했어요.

"달아, 네가 비추는 한 줄기 빛이 사람들에게 큰 도움을 줄 수 있을 거야. 네가 얼마나 중요한 일을 할 수 있는지 생각해 보렴."

달은 자신감을 가지고 밖으로 나왔어요. 그리고 어둠 속에서 빛을 비추기 시작했어요. 덕분에 사람들은 밤에도 여러 가지 일을 할 수 있게 되었어요.

달은 자신의 빛 때문에 사람들이 기뻐하는 모습을 보니 저절로 기분이 좋아졌어요. 그중에서도 너무 깜깜하다며 엄마에게 투정 부리는 아이를 위해 살포시 창가로 빛을 비춰 주었을 때 방긋 웃으며 좋아하던 아이의 모습은 결코 잊을 수가 없었지요.

　그 후로 사람들은 달을 우러러보게 되었어요. 그리고 달에 소원을 빌기도 했답니다.

부끄럼쟁이였던 달은 어떻게 용기를 낼 수 있었나요?

사람들은 왜 달을 우러러보게 되었나요?

1) 존중이란 무슨 뜻일까요?

다음 그림이 어떤 상황인지 설명해 보세요.

존중이란 위의 경우처럼 나와 다른 사람을 소중하게 생각하고 귀하게 대하는 것을 말합니다.

위의 그림처럼 행동했던 경험이 있다면 말해 봅시다.

남을 존중하는 어린이는 이렇게 행동합니다.

방에 할머니가 들어오시자 우성이와 인성이가 모두 일어서서 공손하게 인사를 합니다.

아빠가 편하게 신을 수 있도록 민서가 신발을 가지런히 정리해 놓습니다.

친구가 계단에서 물건을 떨어뜨리자 동민이가 친절하게 물건을 주워 줍니다.

친구의 험담을 하지 않고 의견이 달라도 싸우지 않으며 사이좋게 지냅니다.

존중하는 마음이 있으면 부모님이나 어른들에게 예의 바르게 행동하며 친구들에게도 친절하게 대합니다.

내가 다른 사람을 존중해 주었던 경우나 다른 사람이 나를 존중해 주었던 경우에 대해 말해 봅시다.

2) 존중하는 마음이 있을 때 어떻게 행동할까요?

 다음과 같은 상황에서 존중하는 마음이 있을 때와 없을 때 어떻게 행동할까요?

친구가 실수로 나의 발을 밟았습니다.

존중하는 마음이 있을 때	존중하는 마음이 없을 때

친구가 무거운 물건을 들며 힘들어하는 모습을 내가 보고 있습니다.

존중하는 마음이 있을 때	존중하는 마음이 없을 때

친구가 그린 그림을 내가 보고 있습니다.

존중하는 마음이 있을 때	존중하는 마음이 없을 때

다음 표에 존중하는 마음이 있을 때와 없을 때 하는 말들을 적어 보세요.

존중하는 마음이 있을 때	존중하는 마음이 없을 때

나와 다른 사람의 가치를 높여 주는 **존중**

3) 나와 주위 환경도 존중해요

다른 사람은 물론 나와 주위의 환경까지 존중해야 합니다. 다음 활동을 해 보세요.

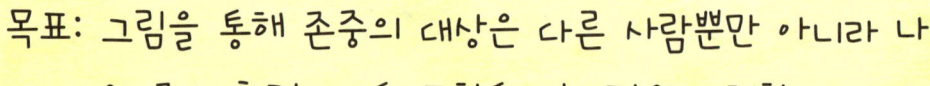
활동 그림으로 존중을 표현하기

목표: 그림을 통해 존중의 대상은 다른 사람뿐만 아니라 나와 주위 환경까지도 포함된다는 것을 이해한다.

준비물: 도화지, 그림 물감, 색연필 등 그리기 도구

방법
1. 나와 주위 환경을 존중하는 마음은 어떤 모습일지 생각해 봅니다.
2. 생각한 것을 그림으로 그려 봅니다.
3. 각자 그린 것을 가지고 친구들과 이야기를 나누어 봅니다.
4. 모두의 그림을 교실 뒤에 전시합니다.

어떻게 나와 주위 환경을 존중할 수 있을까요?

나	주위의 물건이나 환경
• 튼튼해지기 위해 열심히 운동한다. • 편식하지 않고 골고루 먹는다. • 자기 자신에게 하루에 한 가지씩 칭찬해 준다. • 많이 웃고 즐겁게 생활한다.	• 물건을 소중히 다룬다. • 길에 떨어져 있는 쓰레기를 줍는다. • 놀고 난 자리는 깨끗이 치운다. • 재활용품은 분리해서 버린다. • 쓰레기를 함부로 버리지 않는다.

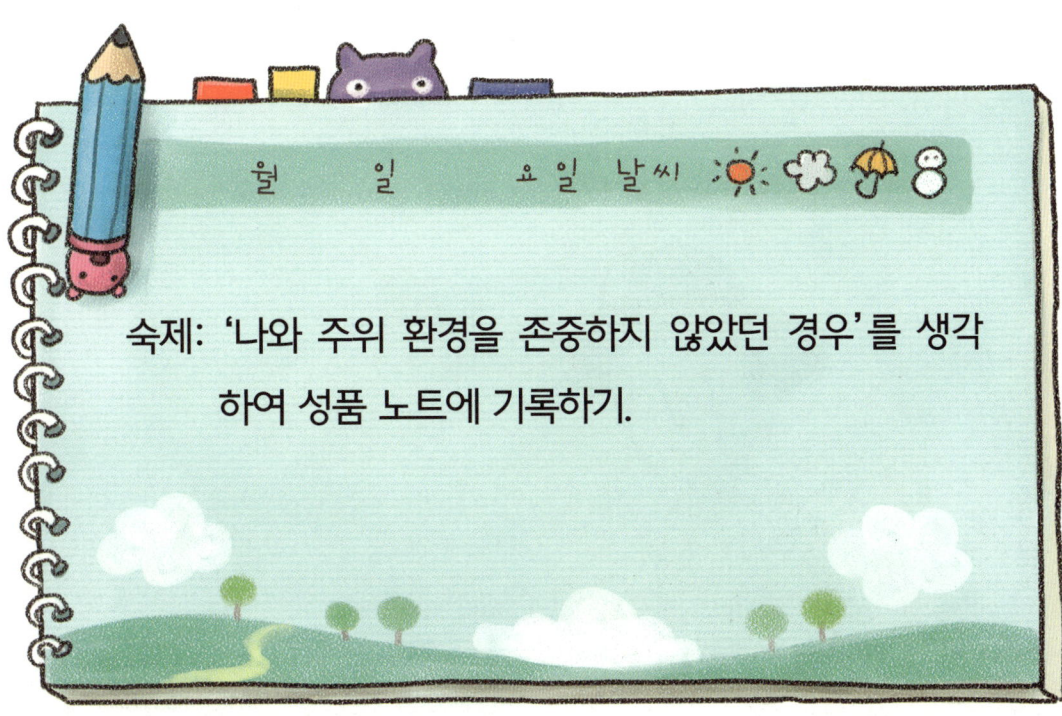

숙제: '나와 주위 환경을 존중하지 않았던 경우'를 생각하여 성품 노트에 기록하기.

나와 다른 사람의 가치를 높여 주는 **존중**

2. 리더들을 통해 배워 봅시다

수업 목표: 훌륭한 리더들의 이야기를 읽고 존중의 중요성을 배운다.

도둑을 만난 방정환 선생

어린이날을 정한 것으로 유명한 소파 방정환의 집에 어느 날 도둑이 들었습니다. 도둑은 칼을 들이대며 방정환을 위협했습니다. 하지만 방정환은 침착하게 장롱 속에서 돈을 꺼낸 뒤 도둑에게 주며 말했습니다.

"부디 이 돈을 가져가서 좋은 데 쓰시오."

도둑은 순순히 돈을 내준 방정환에게 고맙다는 말을 하고는 집을 나갔습

니다. 그러나 마침 그곳을 지나가던 경찰에게 잡히고 말았습니다. 경찰이 도둑을 잡아 방정환의 집으로 데리고 오자 방정환은 깜짝 놀라며 이렇게 말했습니다.

"아니, 왜 또 왔지? 경찰 양반, 이 사람은 도둑이 아니오. 사정이 딱한 것 같아 내가 돈을 좀 빌려 줬을 뿐이오. 나에게 고맙다는 말까지 하고 갔소."

경찰은 뭔가 이상하다는 생각이 들었지만 방정환의 간곡한 부탁에 어쩔 수 없이 도둑을 풀어 주었습니다. 그제야 도둑은 방정환 앞에 무릎을 꿇고 눈물을 뚝뚝 흘리며 말했습니다.

"흑흑, 선생님. 제가 잘못했습니다. 다시는 나쁜 짓을 하지 않고 바르게 살겠습니다."

🌻 교훈   방정환은 도둑을 다그치기보다 부드러운 방법으로 훈계했습니다. 도둑은 자신을 존중해 주는 마음에 감동을 받아 잘못을 뉘우쳤습니다.

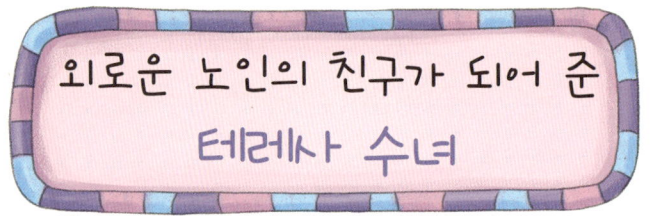

외로운 노인의 친구가 되어 준 테레사 수녀

어느 날, 테레사 수녀가 병든 할아버지의 집을 방문했습니다. 그 집은 온통 먼지로 뒤덮여 있고 지독한 냄새가 코를 찔렀습니다. 테레사 수녀는 말없이 먼지를 털어 내고, 집 안 구석구석을 청소했습니다. 그러다 구석에 뒹구는 낡은 등을 발견했습니다.

"할아버지, 여기 등이 하나 있네요?"

"그것은 손님이 올 때 켜는 등이라오. 하지만 지난 몇 년 동안 한 번도 켜지 못했지. 이 쓸모없는 노인을 찾아오는 사람이 있어야지."

테레사 수녀는 할아버지가 그동안 길고 긴 세월을 외롭고 쓸쓸하게 살아 왔다고 생각하니 가슴이 찡하게 아파 왔습니다.

"할아버지, 앞으로는 제가 자주 찾아올게요. 그러면 저를 위해 등불을 켜 주실 거죠?"

그 후로 할아버지의 집에는 늘 등불이 켜져 있었다고 합니다. 테레사 수녀가 할아버지의 집에 찾아와 친구가 되어 주었기 때문입니다. 할아버지는 더 이상 외롭거나 쓸쓸하지 않았습니다.

그렇게 2년여의 시간이 지났고, 할아버지는 편안한 마음으로 세상을 떠나게 되었습니다. 마지막 눈을 감기 전, 할아버지는 테레사 수녀에게 고마움의 눈물을 흘리며 말했습니다.

"당신은 내 인생의 등불이었어요. 덕분에 참 행복했습니다. 감사합니다, 수녀님."

 테레사 수녀는 아무도 거들떠보지 않는 할아버지를 소중하게 생각하고 친구가 되어 주었습니다. 그래서 할아버지는 편안히 눈을 감을 수 있었습니다.

이 외에도 존중과 관련된 리더가 또 있는지 조사하여 말해 봅시다.

나와 다른 사람의 가치를 높여 주는 **존중**

1) 우리도 존중하는 사람이 될 수 있어요

우리도 존중하는 사람이 될 수 있습니다. 다음 활동을 해 보세요.

놀이 말하는 인형 놀이

목표: 인형 놀이를 통해 존중의 중요성과 존중하는 태도를 배운다.

준비물: 손 인형

방법

1. 친구와 짝을 지은 다음 아래의 이야기 목록을 가지고 이야기를 나눕니다. 한 사람이 질문을 하면 한 사람이 대답을 합니다.
   ① 나는 자연을 존중하는 사람입니다. 자연을 존중하는 사람은 어떻게 행동할까요?
   ② 나는 친구를 존중하는 사람입니다. 친구를 존중하는 사람은 친구에게 어떤 말을 할까요?
   ③ 나는 가족을 존중하는 사람입니다. 가족을 존중하는 사람은 가족들과 어떻게 지낼까요?
2. 자기 순서가 끝나면 역할을 바꿔서 이야기를 합니다.

존중하는 마음이 있으면 어떻게 행동하게 될까요?

존중하는 마음이 있는 사람은 모든 것을 귀하게 여깁니다.

숙제: 내가 먼저 다른 사람이나 자연을 존중해야 하는 이유에 대해 생각해 보고, 성품 노트에 적어 오기.

3. 실제 생활에서 배워 봅시다

수업 목표: 실제 생활 속의 이야기를 통해 존중을 배우고 적용한다.

환경미화원 아저씨의 소중함을 알게 된 성욱이

성욱이는 학교에서 집으로 가는 길에 종종 과자를 사 먹습니다. 오늘도 게 눈 감추듯 과자를 먹어 버린 성욱이는 과자 봉지를 어디에 버릴까 고민하고 있습니다. 그동안 성욱이는 학교에서

배운 대로 봉지를 집까지 가지고 가서 버렸습니다. 그런데 날이 갈수록 그렇게 하는 것이 점점 귀찮아졌습니다.

그러던 어느 날 친구인 지환이가 다 먹은 과자 봉지를 길에 버리는 모습을 보게 되었습니다. 성욱이는 자기도 지환이를 따라 과자 봉지를 슬쩍 버렸습니다. 그리고 아무렇지도 않게 집으로 갔습니다. 손에 과자 봉지를 들고 가지 않으니 참 편하고 좋았습니다. 그러나 왠지 마음이 불편했습니다.

어느 추운 겨울 아침, 성욱이는 아빠를 따라 아침 운동을 하러 가게 되었습니다. 그런데 그때 성욱이는 환경미화원 아저씨가 힘들게 청소하는 모습을 보았습니다. 어제 성욱이가 버렸던 과자 봉지를 쓸어 담는 모습을 보고 성욱이는 부끄럽기도 하고 죄송하기도 했습니다. 거리가 늘 깨끗한 것이 바로 환경미화원 아저씨 덕분이라는 사실도 다시 한 번 깨달았습니다. 그날 이후로 성욱이는 절대 길에 쓰레기를 버리지 않았습니다.

성욱이는 환경미화원 아저씨를 통해 환경을 존중하는 마음을 가지게 되었습니다. 여러분도 이와 비슷한 경험이 있으면 말해 보세요.

현준이는 세상에서 엄마의 잔소리가 제일 싫습니다.

> 잔소리하는 엄마를 이해하게 된 현준이

'반찬은 골고루 먹어라, 숙제는 다 했니?, 방 어지르지 말아라' 등의 잔소리를 들으면 마음이 상했습니다.

현준이는 오늘도 언제나 그랬듯이 양말을 뒤집어 벗어서 빨래 통에 휙 던졌습니다. 그러자 어김없이 엄마의 잔소리가 메아리쳤습니다.

"현준아! 너 자꾸 양말 뒤집어 벗을래? 그리고 양말이 도대체 왜 이렇게 새까만 거야, 응?"

현준이는 이렇게 잔소리를 하시는 엄마를 이해할 수 없었습니다.

그러던 어느 날, 선생님께서 '집안일 한 가지 돕기'라는 숙제를 주셨습니다. 현준이는 골똘히 생각하다가 자신의 양말을 빨아야겠다고 생각했습니다. 막상 빨래를 시작하자 뒤집어 벗은 양말을 다시 뒤집는 것도 무척 성가셨고, 양말에 낀 때를 씻어 내는 것도 힘들었습니다.

'후유, 이거 정말 힘드네.'

양말에 묻은 때를 빼기 위해서는 여러 번 빨아야 했습니다. 나중에는 힘이 다 빠져 버렸습니다. 그제야 현준이는 엄마가 잔소리를 하신 이유를 알게 되었습니다. 그리고 늘 깨끗한 양말을 신게 해 주시는 엄마에게 감사한 마음이 들었습니다. 마침 그 장면을 보신 엄마가 현준이를 꼭 안아 주셨습니다. 엄마의 품속에서 현준이는 앞으로 양말을 뒤집어 벗지 않는 것은 물론 깨끗하게 신어야겠다고 다짐했습니다.

나와 다른 사람의 가치를 높여 주는 **존중**

현준이는 자신이 직접 양말을 빨아 보며 엄마의 소중함을 알게 되었습니다. 여러분도 이와 비슷한 경험이 있으면 말해 보세요.

1) 존중하는 사람이 되어 보세요

우리가 서로 존중한다면 더욱 신뢰할 수 있고, 친한 사이가 될 것입니다. 다음 활동을 해 보세요.

활동 존중 서약서

목표: 존중 서약서에 서약함으로써 존중을 실천한다.
준비물: 종이, 필기도구

방법

1. 나만의 존중 서약서를 적습니다.
2. 서약서를 소리 내어 읽습니다.
3. 자신의 서약서에 서명을 합니다.
4. 성품 노트에 존중 서약서를 붙여서 잘 보관합니다.
5. 구체적으로 어떻게 실천할 것인지에 대해 짝을 지어 이야기를 나눕니다.

이번 주에 친구를 존중해 준 적이 있었나요?

어떤 행동으로 친구를 존중해 주었나요?

숙제: 존중 서약서 점검표에 적은 대로 실천하고 점검해 오기.

4. 점검 및 확인하기

수업 목표: 실제 생활 속에서 존중하는 습관을 기른다.

존중 서약서 점검표 확인하기

존중 서약서 점검표에 기록한 것을 여기에 옮겨 보세요.

실천 사항	월	화	수	목	금	토	일
1. 모든 자연을 존중한다.							
2. 모든 사람을 존중한다.							
3. 언제나 스스로 남을 돕는다.							
4. 다른 사람을 친절하게 대한다.							
5. 자기 자신을 사랑한다.							
6. 다른 사람의 말을 잘 들어 주고 소리치지 않는다.							
7. 사람들을 공정하게 대한다.							
8. 언제나 좋은 말을 한다.							

잘했으면 ○표, 중간은 △표, 못했으면 ×표 하기

지난주에 존중을 잘 실천했나요?

존중하면서 깨달은 것을 친구와 나눠 보세요.

1) 서로 이야기해 보세요

지난주 집과 학교에서 누군가를 존중했던 경험을 나누어 봅시다. 다음 활동을 해 보세요.

활동 존중 상장 만들기

목표: 존중 상장을 만들어 친구에게 주는 활동을 통해 서로 칭찬하고 격려하며 상대방을 존중하는 마음을 기른다.

준비물: 두꺼운 도화지, 색연필, 색종이, 가위, 풀 등

방법
1. 두꺼운 도화지와 여러 재료를 이용해 자유롭게 존중 상장을 만듭니다. 단, 내용 칸과 이름 칸은 비워 둡니다.
2. 친구와 짝을 지어 서로 5가지씩 칭찬해 줍니다.
3. 상장의 내용 칸에 앞서 말한 5가지의 칭찬을 적어 줍니다.
4. 이름 칸에 친구의 이름을 적습니다.
5. 완성된 상장을 서로에게 줍니다.

칭찬을 들었을 때 기분이 어땠나요?

나와 다른 사람을 존중하는 어린이가 되기 위해서는 앞으로 어떻게 해야 할까요?

2) 정리하고 결심해요

다음은 지금까지 배운 존중에 대해 다시 한 번 정리한 것입니다. (　　) 안에 들어갈 말을 적어 보세요.

정리 존중

1. 존중이란 나와 다른 사람을 (　　　)하게 생각하고 귀하게 대하는 것을 말합니다.
2. 존중하는 마음이 있으면 부모님이나 어른들에게 (　　　) 바르게 행동합니다.
3. 존중하는 마음이 있으면 친구나 동생에게도 (　　　)하게 대합니다. 그러나 존중하는 마음이 없으면 친구나 동생을 무시하고 상처 주는 말도 쉽게 합니다.
4. 다른 사람은 물론 나와 주위의 물건이나 (　　　)까지도 존중해야 합니다. 나를 존중해 주면 마음이 건강한 어린이가 될 수 있으며, 주위의 물건이나 자연을 존중해 주면 환경이 깨끗해집니다.

존중, 예의, 친절, 자연

이제 존중에 대한 수업이 끝났습니다. 앞으로 결심한 것에 대해 말해 보세요.

여러분 중에 존중 챔피언은 누구입니까?

숙제: 다음 주에 배울 '신뢰'에 대한 뜻 알아 오기.

1. 신뢰란 무엇일까요?

> 수업 목표: 신뢰의 뜻을 이해하고 사람들의 관계에서 신뢰가 왜 중요한지 배운다.

민주를 신뢰한 지영이

오늘은 신 나는 소풍날! 점심시간이 되어 다 같이 맛있는 도시락을 먹고 나서 게임을 하기로 했습니다. 게임의 이름은 '눈 가리고 걸어가서 사탕 먹고 오기'였습니다.

이 게임의 규칙은 둘이 한 조가 되어서, 눈을 가리지 않은 친구가 눈을 가린 친구를 잘 안내하여 사탕이 있는 곳까지 무사히 다녀 오는 것입니다. 중간에 눈가리개를 들어 올려 앞을 보거나, 넘어지면 탈락입니다.

지영이는 민주와 짝이 되었습니다. 평소에 말수가 적은 민주와 친하게 지내지 못했던 지영이는 걱정이 되었습니다. 그때 민주가 먼저 지영이에게 다가와 "나만 믿어."라고 말하며 지영이의 손을 잡았습니다. 눈을 가린 지영이는 민주의 믿음직한 한마디에 민주를 신뢰할 수 있었습니다.

지영이는 민주가 알려 주는 방향대로 한 발, 한 발 움직여서 사탕이 있는 곳에 무사히 도착했습니다. 지영이는 비록 눈을 가렸지만 민주를 신뢰했기 때문에 전혀 무섭지 않았습니다.

눈을 가린 지영이가 무사히 걸어갈 수 있었던 이유는 무엇일까요?

이 외에도 서로를 신뢰해야 잘할 수 있는 게임은 무엇이 있을까요?

1) 신뢰란 무슨 뜻일까요?

　다음 그림을 보고 누가 누구를 신뢰하고 있는지 이야기해 보세요.

민재는 아빠가 운전하실 때면 마음이 든든합니다.

수진이는 민아의 비밀을 지켜 주기로 약속했습니다.

재희는 심부름을 잘해서 엄마에게 칭찬을 들었습니다.

우리 반 친구들은 선생님 말씀에 귀를 기울입니다.

신뢰란 어떤 사람이나 사물을 굳게 믿고 의지하는 것을 말합니다. 따라서 신뢰하는 사람은 그 대상을 믿기 때문에 마음이 편안합니다. 그러나 신뢰하지 못하는 사람은 그 대상을 믿지 못하기 때문에 마음이 불편합니다.

내가 신뢰하고 있는 사람은 누구인지, 그 이유는 무엇인지 말해 보세요.

2) 어떤 것들을 신뢰할 수 있을까요?

우리가 신뢰할 수 있는 것에는 무엇이 있을까요?

교통 신호, 경찰, 튼튼한 의자, 부모님, 형제, 선생님, 친구, 엄마가 해 주신 음식

만약 교통 신호를 신뢰하지 못하면 길을 건널 수 없고 의자를 신뢰하지 않는다면 앉을 수 없을 것입니다. 마찬가지로 부모님과 형제, 선생님, 친구를 신뢰하지 못한다면 늘 불안한 마음으로 살아가야 합니다.

이 외에도 우리가 신뢰할 수 있는 것에 대해 말해 보세요.

우리가 신뢰할 수 없는 것들도 있어요.

> 부서진 의자, 불량 식품, 고장 난 신호등, 유괴범,
> 바퀴 빠진 자동차, 깨진 유리그릇, 상한 음식

부서진 의자에 앉았다가는 다칠 수 있고, 불량 식품을 먹었다가는 우리 몸이 아플 수도 있습니다. 또한 유괴범은 매우 위험한 사람들입니다. 이런 사람들을 믿고 따라갔다가는 위험에 빠지게 됩니다.

이 외에도 신뢰할 수 없는 것에 대해 말해 보세요.

믿음직한 어린이가 되게 하는 **신뢰**

3) 신뢰할 수 있는 대상을 구분해 보세요

신뢰할 만한 대상을 잘 구분한다면 위험을 미리 예방할 수 있습니다. 다음 활동을 해 보세요.

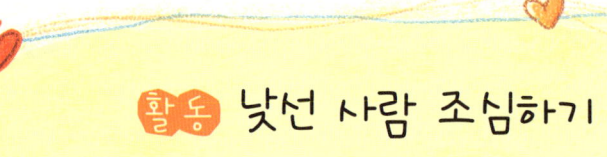
활동 낯선 사람 조심하기

목표: 최근 증가하고 있는 어린이 범죄를 예방하기 위해, 낯선 사람에게 효과적으로 대처하며 신뢰할 만한 대상을 구분하는 능력을 키운다.

준비물: 종이, 필기도구

방법

1. 여러 가지 위험한 상황들을 생각해 본 뒤, 그에 맞는 대처법을 종이에 적습니다.

예) 집에 혼자 있을 때 주의해야 할 사항

① 가까운 이웃의 전화번호를 알아 둔다.

② 현관문과 창문 등을 반드시 잠근다.

③ 낯선 사람에게 부모님을 찾는 전화가 온 경우, 부모님이 외출 중이라는 것을 알리지 않는다. 대신 잠시 화장실에 가셨거나,

집안일로 바쁘다고 전한다. 그리고 나중에 다시 전화를 걸어 달라고 예의 바르게 말씀드린다.

2. 정리한 내용을 친구들과 나누어 봅니다.

3. 자기가 미처 생각하지 못했던 것을 적습니다.

낯선 사람이 길을 물어보며 차에 타라고 할 때는 어떻게 해야 할까요?

숙제: 부모님과 함께 인터넷에서 유괴 예방 교육 자료나 동영상을 찾아보기.

2. 리더들을 통해 배워 봅시다

수업 목표: 훌륭한 리더들의 이야기를 읽고 신뢰의 중요성을 배운다.

병사들의 신뢰를 얻은
이순신 장군

임진왜란 중에 큰 공을 세운 이순신 장군의 이야기입니다. 지금도 그렇지만 당시에도 이순신 장군은 사람들에게 존경을 받았습니다. 그 이유는 무엇일까요?

이순신 장군은 장군이라고 해서 병사들과 다르게 살지 않았습니다. 병사들과 똑같은 식사를 했고, 막사에서 다 함께 잠을 잤습니다.

이순신 장군은 훈련 시간에도 언제나 참석해 병사들을 꼼꼼히 지도했습니다.

이순신 장군은 매월 초하룻날과 보름날이면 서울을 향하여 예를 갖추고, 임금님께 존경의 뜻을 담은 인사를 올렸습니다. 이것을 '망궐례'라고 합니다. 이순신 장군의 이런 모습은 병사들에게 큰 감동을 주었습니다.

또한 바쁜 가운데에도 활쏘기 연습을 게을리하지 않았습니다. 항상 병사들과 함께 활쏘기 연습을 하면서 실력을 닦았습니다. 활쏘기 연습을 마치면 병사들과 술을 나누어 마시며 피로를 풀고, 함께 이야기를 나누었습니다.

이처럼 이순신 장군은 병사들과 자주 어울리면서 신뢰를 쌓았습니다. 장군이라고 하여 더 좋은 음식을 먹지 않았고, 더 좋은 옷도 입지 않았습니다. 뿐만 아니라 다른 사람들보다 더 열심히 연습하며 실력을 키웠습니다.

교훈 만약 이순신 장군이 높은 지위를 내세우며 병사들을 소홀하게 대했다면 그는 결코 존경받는 장군이 될 수 없었을 것입니다. 이순신 장군이 존경받을 수 있었던 이유는 병사들이 그를 신뢰했기 때문입니다.

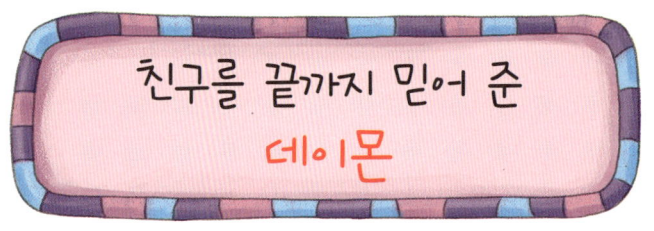

친구를 끝까지 믿어 준 데이몬

옛날 로마 제국에서 있었던 일입니다. 피시아스라는 사람이 못된 왕 디오니시우스 때문에 교수형을 당하게 되었습니다. 효자였던 피시아스는 마지막 소원으로 어머니를 만나게 해 달라며 왕에게 간청했습니다. 그러나 왕은 피시아스를 믿을 수 없었기 때문에 허락해 주지 않았습니다. 그때 피시아스의 죽마고우(어릴 때부터 같이 놀며 자란 친구)였던 데이몬이 말했습니다.

"왕이시여. 부디 제 친구가 어머니를 뵈러 다녀올 수 있도록 허락해 주십시오. 만약 친구가 약속한 시간까지 돌아오지 않는다면 대신 제 목숨을 내놓겠습니다."

왕은 데이몬이 부질없는 짓을 한다며 혀를 끌끌 찼습니다. 결국 데이몬이 감옥에 갇히는 대신 피시아스가 풀려났습니다. 모든 사람들이 피시아스는

절대 돌아오지 않을 거라고 말하며 데이몬을 비웃었습니다.

　드디어 약속한 날이 되었습니다. 그러나 피시아스는 나타나지 않았습니다. 결국 데이몬이 대신 사형대에 올라갔습니다. 후회하지 않느냐는 왕의 질문에 데이몬은 마지막까지 친구를 믿는다고 대답했습니다. 그 순간 피시아스가 헐레벌떡 나타났습니다. 피시아스는 눈물을 흘리며 데이몬에게 늦어서 미안하다고 말한 다음 자신이 사형대에 올라갔습니다. 이 모습을 지켜보던 왕도 감동하여 피시아스를 용서해 주었다고 합니다.

🌻 교훈　데이몬은 피시아스를 신뢰했기 때문에 끝까지 친구를 믿을 수 있었습니다. 이 외에도 신뢰와 관련된 리더가 또 있는지 조사하여 말해 봅시다.

1) 우리도 신뢰받는 사람이 될 수 있어요

　우리도 신뢰받는 사람이 될 수 있습니다. 다음 활동을 해 보세요.

활동 약속 기록장 만들기

목표: 자신이 얼마나 약속을 잘 지켰는지 돌아보는 활동을 통해 신뢰의 기본인 약속을 잘 지키는 습관을 기른다.
준비물: 종이, 필기도구, 칭찬 스티커

방법
1. 약속 기록장을 만들고 일주일 동안 자신이 했던 약속들 중에서 기억나는 대로 10개만 적어 봅니다.
2. 약속을 잘 지켰으면 O표를, 지키지 못했으면 X표를 합니다.
3. 이렇게 작성한 것을 모둠별로 모여서 친구들과 비교해 봅니다.
4. 모둠별로 약속을 가장 잘 지킨 친구 1명을 뽑아서 약속 기록장에 칭찬 스티커를 붙여 줍니다.

약속을 잘 지키는 친구들을 볼 때 어떤 마음이 드나요?

약속을 안 지키는 친구들을 볼 때 어떤 마음이 드나요?

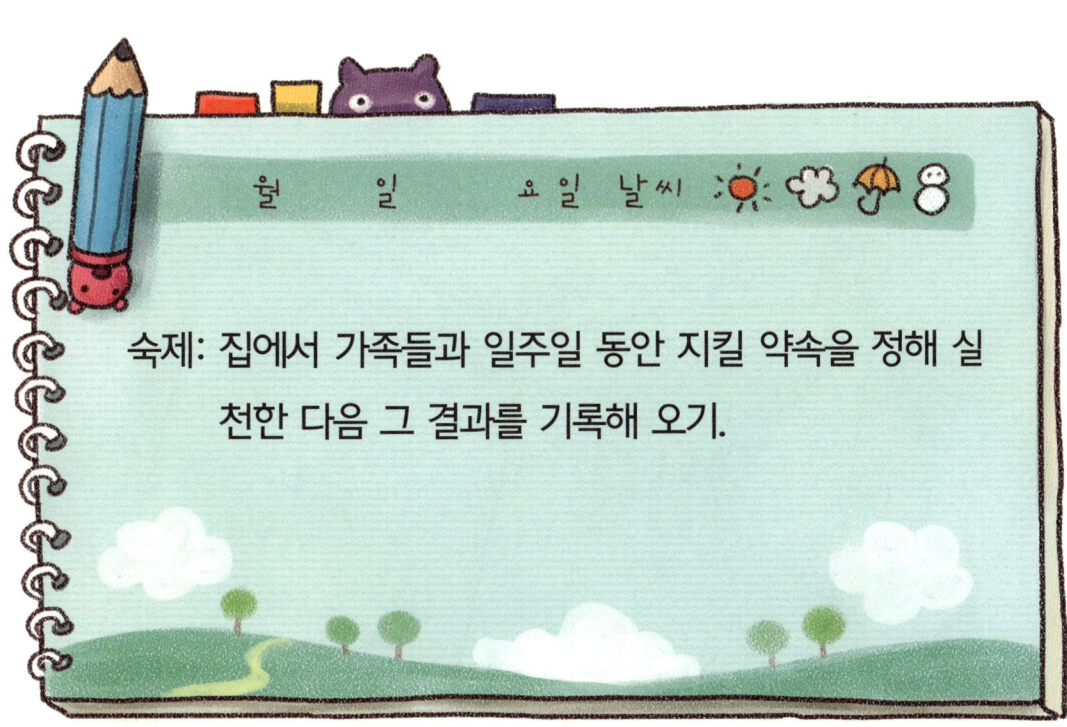

숙제: 집에서 가족들과 일주일 동안 지킬 약속을 정해 실천한 다음 그 결과를 기록해 오기.

3. 실제 생활에서 배워 봅시다

수업 목표: 실제 생활 속의 이야기를 통해 신뢰를 배우고 적용한다.

언니를 더욱 신뢰하게 된 민희

오늘은 민희의 생일입니다. 민희는 같은 반 친구 주철이에게 멋진 생일 축하 카드를 받았습니다. 카드에는 주철이가 민희를 좋아한다고 적혀 있었습니다.

민희는 자기도 모르게 얼굴이 붉어졌습니다. 그때 이 모습을 본 언니가

민희를 놀려 댔습니다. 민희는 언니가 학교에 소문을 낼까 봐 걱정이 되었습니다.

"언니! 꼭 비밀을 지켜 줘야 해!"

민희는 언니와 손가락을 걸고 약속했습니다. 그래도 언니를 좀처럼 믿을 수 없었습니다. 왜냐하면 언니는 아주 작은 일이 생겨도 엄마에게 쪼르르 달려가 모두 말해 버리기 때문입니다. 걱정이 된 민희는 제대로 수업을 들을 수 없었습니다.

그리고 다음 날, 그다음 날도 학교에서 언니를 마주치면 혹시 친구들에게 비밀을 말했나 싶어 가슴이 두근거렸습니다. 하지만 다행히 언니는 아직 아무에게도 이야기하지 않은 것 같았습니다.

'언니가 웬일이지? 다시 봐야겠네.'

그날 저녁 엄마는 언니가 밖에서 비밀을 잘 지킨다는 이야기를 해 주셨습니다. 그 후로 민희는 언니를 더욱 믿게 되었고 마음도 편안해졌습니다.

민희는 처음에 언니를 믿지 못했지만 언니의 행동을 본 뒤로는 신뢰할 수 있었습니다. 여러분도 이와 비슷한 경험이 있으면 말해 보세요.

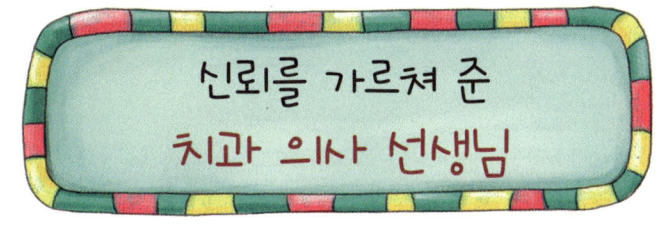

신뢰를 가르쳐 준 치과 의사 선생님

"어머! 너 이가 썩었구나!"

어느 날 미정이의 충치를 발견한 엄마가 깜짝 놀라 소리치셨습니다.

"그럴 리가! 아무렇지도 않았는데……."

치과에 가는 것이 무서웠던 미정이는 가슴이 덜컹 내려앉았습니다. 어렸을 때 충치 치료를 받으면서 아팠던 기억이 떠올랐기 때문입니다. 미정이는 어깨가 바르르 떨리기까지 했습니다.

"당장 치과에 가야겠다."

"싫어요! 무서워서 치과에 가기 싫단 말이에요!"

겁이 난 미정이는 엄마에게 투정을 부렸지만 어쩔 수 없었습니다. 충치가 생기면 빨리 치료를 받아야 하기 때문입니다.

다음 날 치과에 간 미정이는 용기를 내어 치료 의자에 누웠지만 입을 제대로 벌리지 못했습니다. 그때 의사 선생님께서 말씀하셨습니다.

"미정이는 치료가 겁이 나는 모양이구나? 하지만 선생님을 믿어 봐. 선생님은 우리나라에서 충치 치료를 가장 아프지 않게 하기로 유명하니까."

"정말이요? 거짓말 같아요!"

우리나라에서 가장 유명하다는 말이 믿기지 않았지만, 미정이는 아프지 않게 치료하겠다는 의사 선생님을 한번 믿어 보기로 했습니다. 선생님의 목소리에서 자신감을 느낄 수 있었기 때문입니다.

그런데 놀랍게도 의사 선생님을 믿는 순간부터 무서움이 사라졌고, 치료

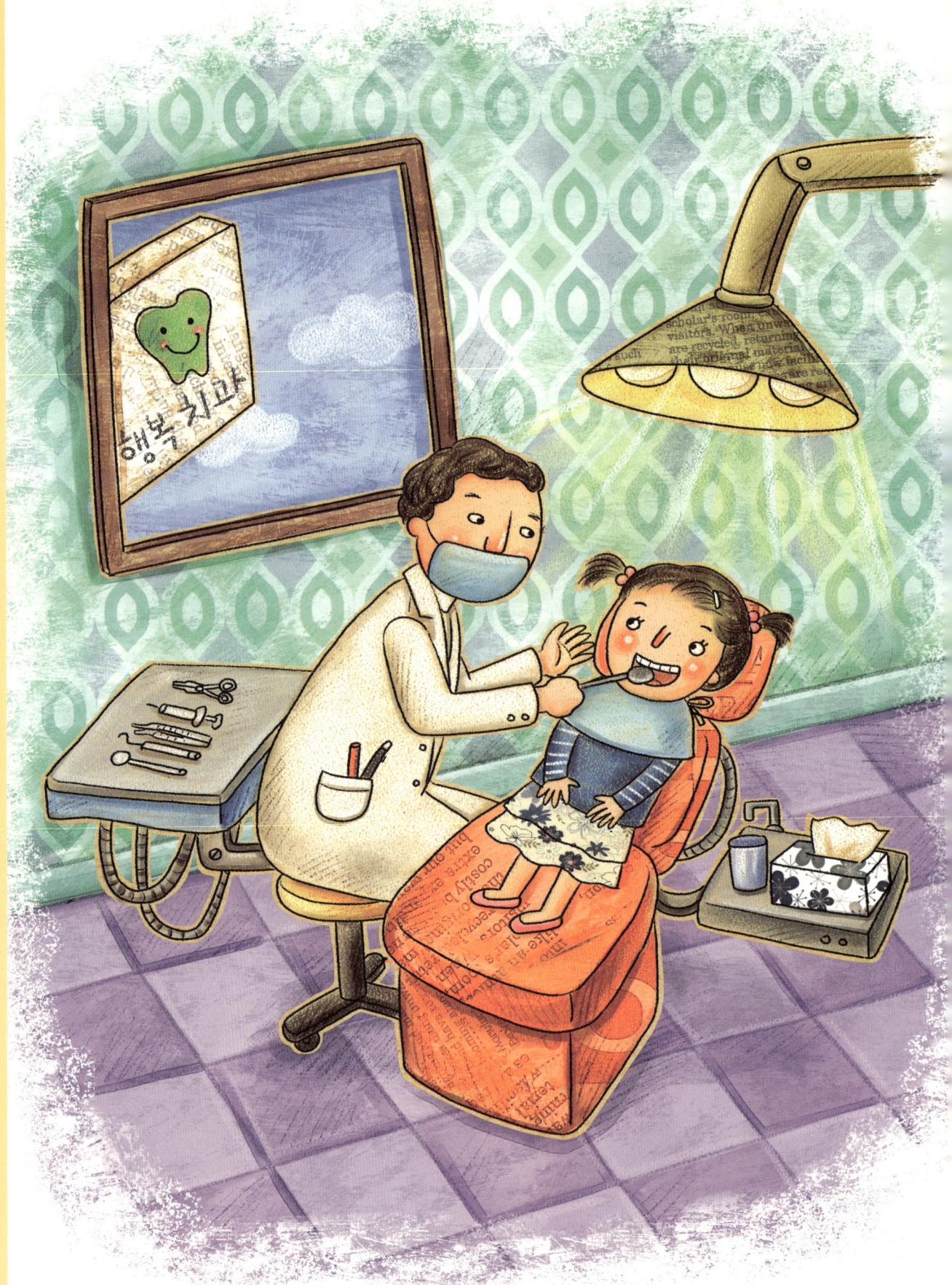

도 아프지 않게 잘 끝났습니다. 미정이는 앞으로 이가 아파도 의사 선생님께서 잘 치료해 주실 것이라는 믿음이 생겼습니다.

　미정이는 의사 선생님에 대한 믿음이 생기면서 의사 선생님을 신뢰하게 되었습니다. 여러분도 이와 비슷한 경험이 있으면 말해 보세요.

1) 무엇을 신뢰할 것인지 구별해 보세요

어떤 것에 대한 정보를 정확히 알면 신뢰할 수 있습니다. 다음 활동을 해 보세요.

역할놀이 비행기 관제탑 놀이

목표: 진실인지 거짓인지 구별하는 활동을 통해 올바른 것을 신뢰하는 습관을 기른다.

준비물: 종이비행기, 눈가리개

방법

1. 비행기 역할을 할 사람 2명과 진짜 관제사 1명, 가짜 관제사 1명을 뽑습니다.
2. 비행기 역할을 맡은 사람은 종이비행기를 들고 눈가리개로 눈을 가립니다. 진짜 관제사 역할을 맡은 사람은 비행기 역할을 맡은 사람이 목적지(자기 자리)까지 가는 길을 바르게 안내해 줍니다.
3. 가짜 관제사 역할을 맡은 사람은 비행기 역할을 맡은 사람이 목적지(자기 자리)까지 가는 길을 다르게 안내해 줍니다.

제대로 안내를 받았을 때와 잘못된 안내를 받았을 때의 느낌이 어떻게 다른가요?

어떤 것을 신뢰하기 위해서는 그것에 대한 정보를 알아내고 진실인지 거짓인지 구분해야 합니다.

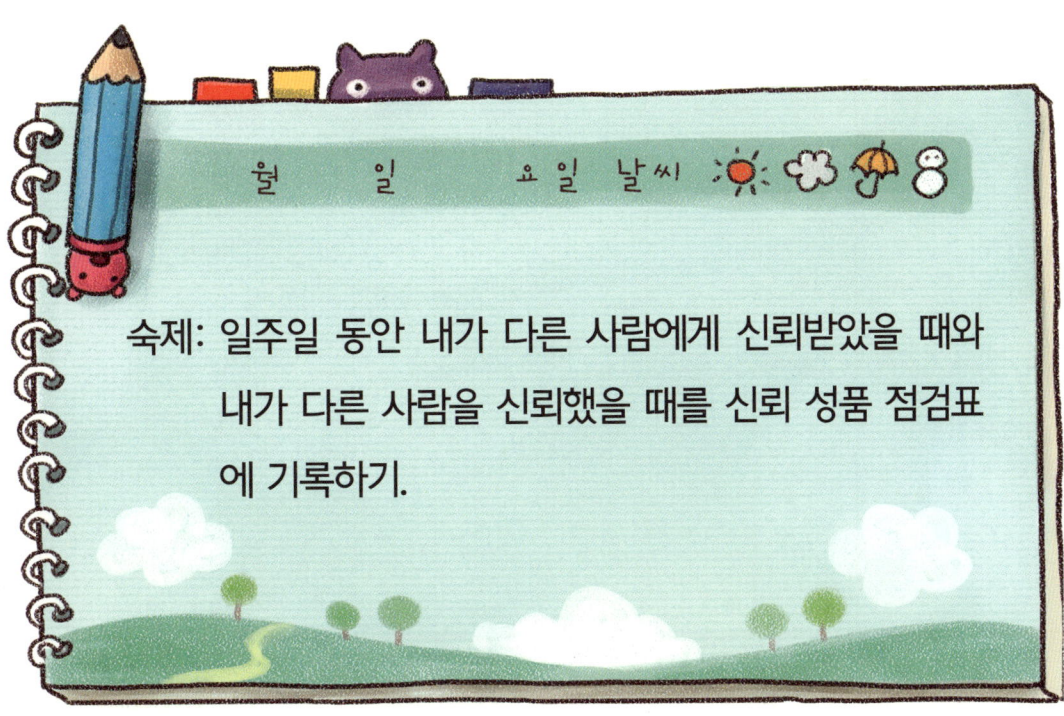

숙제: 일주일 동안 내가 다른 사람에게 신뢰받았을 때와 내가 다른 사람을 신뢰했을 때를 신뢰 성품 점검표에 기록하기.

4. 점검 및 확인하기

수업 목표: 실제 생활 속에서 신뢰받고 신뢰하는 습관을 기른다.

신뢰 성품 점검표 확인하기

신뢰 성품 점검표에 기록한 것을 여기에 옮겨 보세요.

실천 사항		월	화	수	목	금	토	일
신뢰받았을 때	대상							
	이유							
신뢰했을 때	대상							
	이유							

지난 한 주간 신뢰받거나 신뢰했던 경험 중 가장 감동적이었던 일은 무엇인가요?

다른 사람을 신뢰했을 때 어떤 장점이 있었는지 말해 보세요.

믿음직한 어린이가 되게 하는 **신뢰**

1) 서로 이야기해 보세요

　지난주에 작성한 신뢰 성품 점검표의 내용을 함께 나누어 봅시다. 다음 활동을 해 보세요.

활동 신뢰 천사 뽑기

목표: 지난주 남을 신뢰했던 경험과 신뢰받았던 경험을 나누고, 신뢰 천사를 뽑는 활동을 통하여 신뢰의 중요성을 배운다.

준비물: 신뢰 성품 점검표, 전지, 색연필, 가위, 옷핀

방법

1. 모둠별로 전지에 커다란 천사 날개를 그리고, 가위로 오린 뒤 옷핀을 붙입니다.
2. 지난주 신뢰 성품 점검표에 기록한 것을 나눕니다. 먼저 부모님이나 선생님, 가까운 친구에게 신뢰받았던 경험이나, 그렇지 못했던 경험을 나눕니다.
3. 다음으로 다른 사람이나 사물을 신뢰했던 경험과 그렇지 않았던 경험을 나눕니다.

4. 각 모둠별로 신뢰 성품 점검표에 가장 많은 경험을 적은 친구를 뽑아 함께 만든 천사 날개를 옷에 달아 줍니다.

앞으로 신뢰하고 신뢰받는 어린이가 되려면 어떻게 해야 할까요?

믿음직한 어린이가 되게 하는 신뢰

2) 정리하고 결심해요

다음은 지금까지 배운 신뢰에 대해 다시 한 번 정리한 것입니다. ( ) 안에 들어갈 말을 적어 보세요.

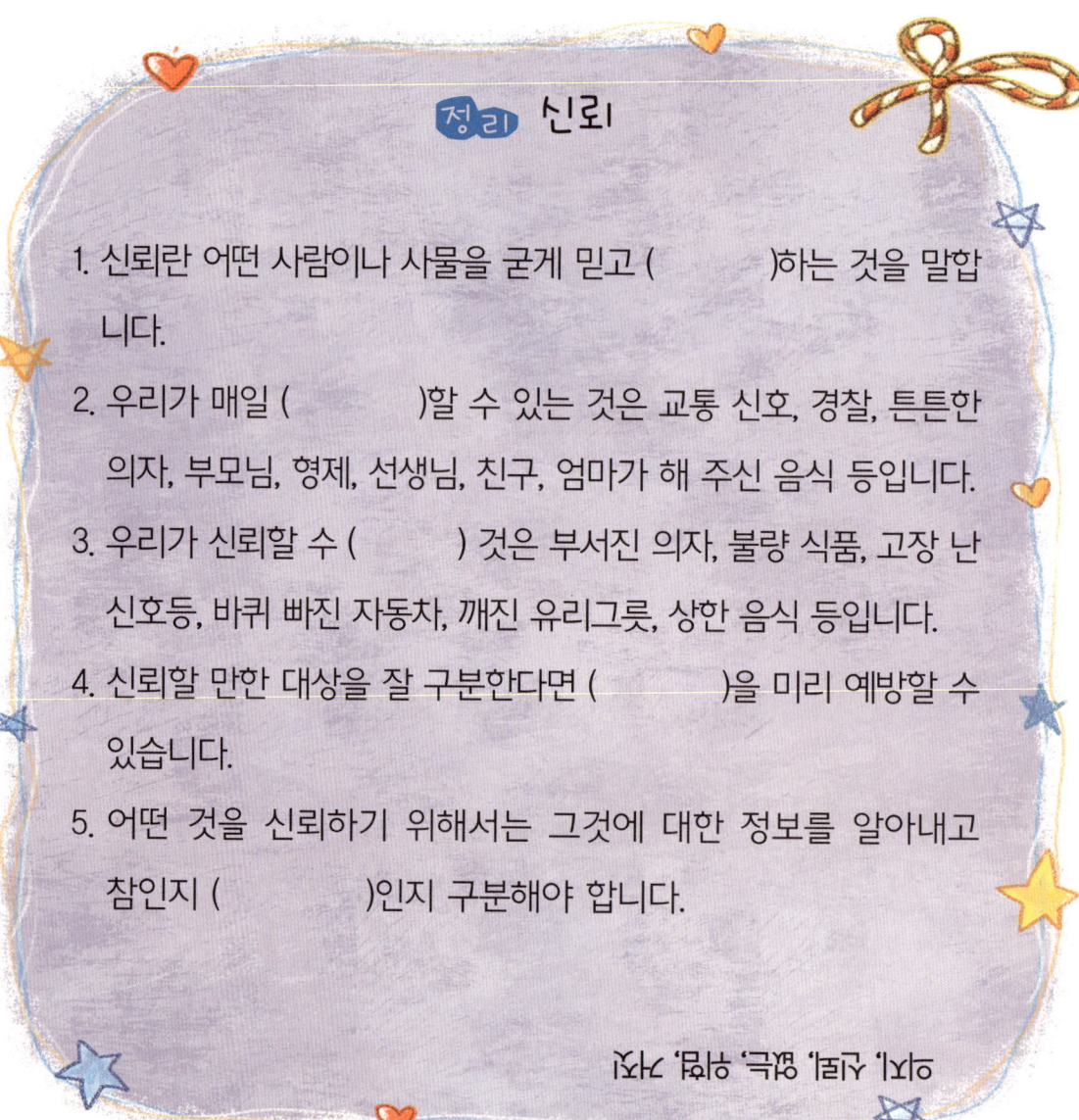

정리 신뢰

1. 신뢰란 어떤 사람이나 사물을 굳게 믿고 ( )하는 것을 말합니다.
2. 우리가 매일 ( )할 수 있는 것은 교통 신호, 경찰, 튼튼한 의자, 부모님, 형제, 선생님, 친구, 엄마가 해 주신 음식 등입니다.
3. 우리가 신뢰할 수 ( ) 것은 부서진 의자, 불량 식품, 고장 난 신호등, 바퀴 빠진 자동차, 깨진 유리그릇, 상한 음식 등입니다.
4. 신뢰할 만한 대상을 잘 구분한다면 ( )을 미리 예방할 수 있습니다.
5. 어떤 것을 신뢰하기 위해서는 그것에 대한 정보를 알아내고 참인지 ( )인지 구분해야 합니다.

거짓, 사고, 없는, 신뢰, 의지

이제 신뢰에 대한 수업이 끝났습니다. 앞으로 어떻게 행동할지 결심한 것을 말해 보세요.

여러분 중에 신뢰 챔피언은 누구입니까?

숙제: 다음 주에 배울 '협동'에 대한 뜻 알아 오기.

서로의 마음과 힘을 합하여 함께하는 것

행동 목표

1. 친구들과 함께 어려운 문제를 해결해 본다.
2. 혼자 하는 것보다 여럿이 함께하면 더 효과적이라는 것을 배운다.
3. 집이나 학교에서 협동이 왜 필요한지 배운다.

1. 협동이란 무엇일까요?

> 수업 목표: 협동의 뜻을 이해하고 왜 협동해야 하는지 배운다.

속담이란 옛날부터 전해져 오는 교훈을 담은 짧은 글입니다. 여러 가지 속담의 뜻을 알아보고, 무엇을 배울 수 있는지 생각해 보세요.

다음 속담에서 알 수 있는 것은 무엇인가요?

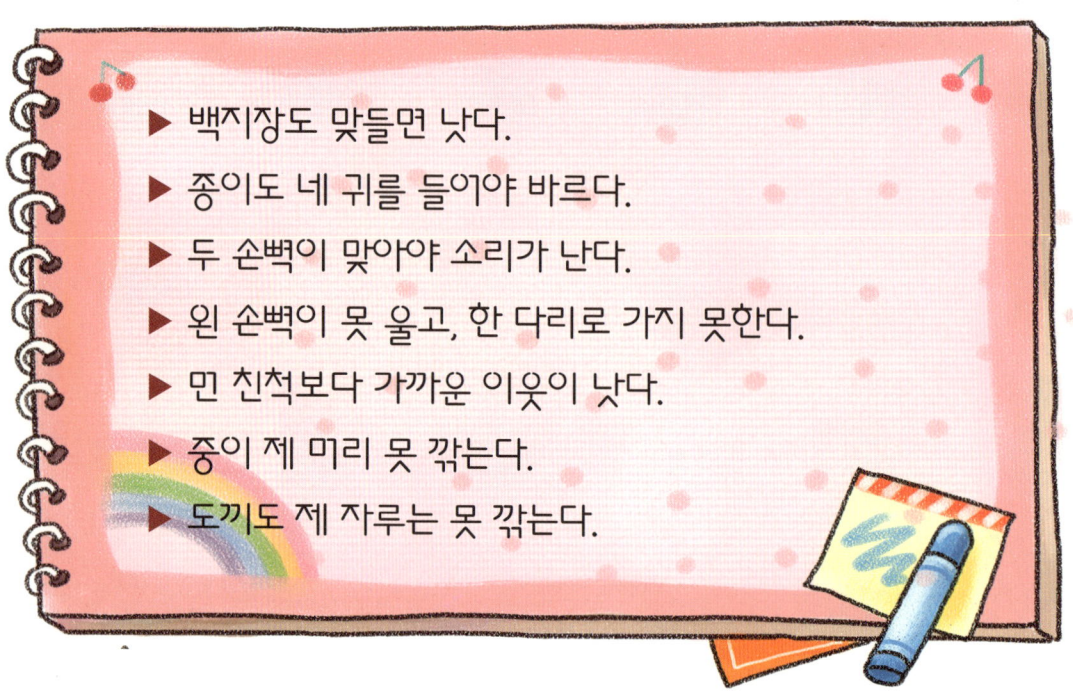

- ▶ 백지장도 맞들면 낫다.
- ▶ 종이도 네 귀를 들어야 바르다.
- ▶ 두 손뼉이 맞아야 소리가 난다.
- ▶ 왼 손뼉이 못 울고, 한 다리로 가지 못한다.
- ▶ 먼 친척보다 가까운 이웃이 낫다.
- ▶ 중이 제 머리 못 깎는다.
- ▶ 도끼도 제 자루는 못 깎는다.

앞에 나온 속담들 중 하나를 골라 그 뜻을 적어 보세요.

속담:

뜻:

'먼 친척보다 가까운 이웃이 낫다.' 라는 속담을 이용해 짧은 글을 지어 보세요.

'손뼉'에 관한 속담을 찾아보세요. 손뼉을 크게 치려면 어떻게 해야 할지 말해 보세요.

1) 협동이란 무슨 뜻일까요?

다음의 상황을 보고 이야기해 보세요.

누가 더 책상을 쉽게 옮길 수 있을까요?

하선이는 혼자서
무거운 책상을 옮깁니다.

호은이는 보람이와 함께
무거운 책상을 옮깁니다.

누가 더 바람직한 태도로 운동 경기를 하고 있을까요?

주연이는 혼자서만 골을 넣으려고
욕심을 부립니다.

영훈이는 기회가 생겼을 때
친구에게 패스를 잘합니다.

협동이란 어떤 일을 하기 위해서 서로의 마음과 힘을 합하여 함께하는 것입니다. 우리가 어떤 목표를 이루기 위해서는 여럿이 협동을 해야 할 때가 많습니다. 혼자 하기 어려운 일도 서로 도울 때, 더 훌륭하고 값진 결과를 얻을 수 있습니다.

친구들 혹은 가족과 협동하여 어떤 일을 해 본 적이 있나요? 언제, 어떤 일이었는지 적어 보세요.

2) 협동을 관찰할 수 있어요

동물들의 협동을 관찰해 보세요.

> 오스트레일리아에 사는 초록개미는
> 서로 협동하여 보금자리를 만듭니다.
> 보통 개미와 달리 서로 힘을 합쳐 자기들보다
> 수십 배 큰 나뭇잎을 엮어 보금자리를 만듭니다.
> 이 일을 하기 위해서는 협동이 꼭 필요합니다.

이 밖에도 어떤 동물들이 힘을 합쳐 일할까요? 조사하여 적어 보세요.

사람들도 협동하면 큰일을 할 수 있어요.

> 올림픽이 시작하거나 끝날 때
> 매스 게임(Mass game)이 펼쳐집니다.
> 많은 사람들의 완벽한 호흡과 아름다운 음악,
> 다양한 색채가 어우러진 매스 게임은
> 멋진 볼거리입니다.
> 매스 게임은 리본, 곤봉 등 갖가지 도구를 사용하거나,
> 민속 무용처럼 그 나라 고유의 춤을 보여 주기도 합니다.
> 이처럼 사람들의 협동으로 훌륭한 공연을
> 구경할 수 있습니다.

이 밖에도 사람들이 어떻게 협동하는지 생각해 보세요.

주어진 일을 함께하는 **협동**

3) 협동을 배워 보세요

즐거운 놀이를 통해 협동을 배울 수 있습니다. 다음 활동을 해 보세요.

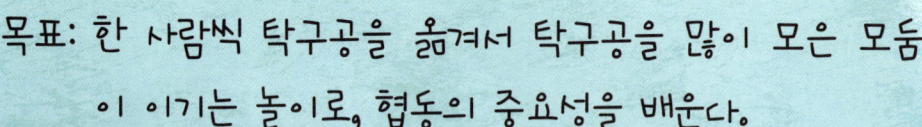 탁구공 빨리 옮기기

목표: 한 사람씩 탁구공을 옮겨서 탁구공을 많이 모은 모둠이 이기는 놀이로, 협동의 중요성을 배운다.

준비물: 숟가락, 탁구공, 바구니

방법

1. 두 모둠으로 나눠서 각 모둠끼리 한 줄로 길게 섭니다.
2. 모둠별로 한 사람씩 숟가락을 나누어 갖고, 맨 앞사람이 숟가락 위에 탁구공을 올립니다. 그리고 탁구공을 떨어뜨리지 않도록 조심하며 뒷사람에게 전해 줍니다.
3. 한 사람씩 차례에 맞춰 탁구공을 뒷사람에게 전해 줍니다. 맨 마지막 사람은 탁구공을 바구니에 넣습니다.
4. 중간에 공을 떨어뜨리면 맨 앞사람부터 다시 시작합니다. 바구니에 모인 탁구공이 많은 모둠이 이깁니다.

탁구공을 많이 옮기려면 협동을 잘해야 합니다. 어느 모둠이 이겼느냐보다 더 중요한 것은 친구들과 힘을 잘 모아서 했는가에 있습니다. 놀이를 하며 느낀 점을 적어 보세요.

숙제: 1. 가족이나 친구들과 협동해서 어려운 일을 해냈던 경험이 있다면 적어 오기.
2. 협동심이 꼭 필요한 일을 찾아서 적어 오기.

2. 리더들을 통해 배워 봅시다

수업 목표: 훌륭한 리더들의 이야기를 읽고 협동의 중요성을 배운다.

협동의 중요성을 알았던 웰링턴 장군

웰링턴 장군은 워털루(Waterloo) 전투에 유럽 연합군으로 참전했습니다. 그는 당시 유럽 대륙을 점령했던 나폴레옹 군대를 물리치고, 워털루 전투를 승리로 이끌었던 아주 용감한 인물입니다. 웰링턴 장군이 전쟁 중에 새로 맡게 된 부대를 둘러보고 있을 때였습니다.

한 상사가 병사들에게 커다란 통나무 옮기는 일을 시키고 있었습니다. 그런데 통나무가 너무 무거워서 잘 움직이지 않았습니다. 그러자 상사는 화를 내며 병사들을 호되게 다그쳤습니다. 그때 웰링턴 장군이 그 상사 곁으로 다가가서 말했습니다.

"보아하니 사람이 더 필요한 것 같은데 당신은 왜 도와주지 않소?"

그러자 상사는 버럭 화를 내며 말했습니다.

"나는 병사들을 지휘하는 상관이란 말이오. 일은 병사들이 하는 것이오!"

이 말을 들은 장군은 말없이 병사들에게 다가가 그들을 도왔습니다. 그러자 꼼짝하지 않던 통나무가 움직였고, 목적지까지 무사히 옮길 수 있었습니다. 일을 다 끝내고 웰링턴 장군은 말에 오르며 상사에게 이렇게 말했습니다.

"여보게, 앞으로 이런 일이 또 있으면 이 총사령관을 불러 주게나."

상사는 그제야 자신의 잘못을 깨닫고 후회했지만 이미 때는 늦고 말았습니다.

🌻 교훈 웰링턴 장군은 협동의 중요성을 잘 알고 있었습니다. 그래서 부하들과 힘든 일도 함께할 수 있었습니다.

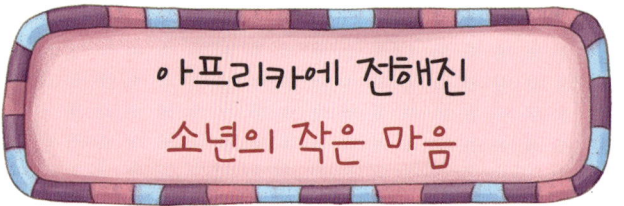

아프리카에 전해진 소년의 작은 마음

슈바이처 박사는 의사로서 누릴 수 있는 편안한 삶을 포기하고 아프리카로 떠났습니다. 그곳에서 병들고 가난한 아프리카 원주민을 위해 평생을 봉사했습니다. 그런데 아프리카 사람들을 돌보며 그들에게 큰 힘이 되었던 슈바이처 박사도, 한 소년의 도움으로 용기를 얻었던 적이 있었습니다.

어느 날, 이탈리아의 한 시골 마을에 사는 소년이 슈바이처 박사의 책을 읽고 깊은 감동을 받았습니다. 그리고 아프리카에는 환자들에게 쓸 약이 매우 부족하다는 소문을 들었습니다. 그래서 소년은 자신이 모은 돈으로 아스피린 한 병을 사서 아프리카에 보내기로 결심했습니다. 하지만 아프리카까지 안전하게 보낼 수 있는 방법이 떠오르지 않았습니다.

결국 소년은 한 공군 사령관에게 편지를 보냈습니다. 그리고 '비행기가 슈바이처 박사의 병원 근처를 지날 때 아스피린

병을 낙하산으로 내려 보낼 수 있는지'를 물어보았습니다. 이 소년의 마음에 감동을 받은 사령관은 더 많은 사람들이 동참할 수 있도록 소년의 편지를 방송국으로 보냈습니다.

소년의 이야기가 방송되자 많은 이탈리아 사람들이 감동을 받아 여러 가지 의료용품을 기부하기 시작했습니다. 그리고 이렇게 모은 용품들을 아프리카에 보냈습니다. 그렇게 해서 슈바이처 박사는 소년과, 소년의 편지에 감동한 이탈리아 사람들의 도움을 통해 모인 의료용품을 가지고 더 많은 환자들을 돌볼 수 있었습니다.

 소년 혼자서는 아스피린 한 병밖에 보낼 수가 없었습니다. 그러나 여러 사람들이 힘을 모으자 엄청난 양의 의료용품을 구할 수 있었고, 그로 인해 슈바이처와 아프리카 사람들은 큰 도움을 받을 수 있었습니다.

이 밖에도 협동과 관련된 리더가 또 있는지 말해 봅시다.

1) 우리도 협동을 실천할 수 있어요

 우리도 협동하는 사람이 될 수 있습니다. 다음 활동을 해 보세요.

> **활동** 신문지 놀이
>
> 목표: 점점 작아지는 신문지 안에 모든 모둠원이 함께 서는 놀이를 통해 협동심을 기른다.
> 준비물: 신문지 한 장(양쪽 면)
>
> **방법**
> 1. 신문지를 펼친 상태에서 모든 모둠원이 올라섭니다.
> 2. 이번에는 신문지를 반으로 접고 올라섭니다.
> 3. 또 반이 접힌 상태에서 다시 반을 접고 올라섭니다. 신문지가 작아질 때까지 이 과정을 반복합니다.
> 4. 가장 좁은 넓이의 신문지에 올라간 모둠이 이깁니다. 이때 모든 모둠원이 반드시 한 발이라도 신문지에 올라서야 합니다.

여럿이 함께 작은 신문지 위에 서기 위해서 가장 필요한 마음가짐은 무엇인가요?

놀이를 하며 모든 친구들이 함께 협동했나요? 모둠에서 가장 협동을 잘했던 친구를 칭찬해 주세요.

숙제: 가족과 협동이 필요한 경우가 무엇인지 생각해 보고 성품 노트에 적어 오기.

3. 실제 생활에서 배워 봅시다

수업 목표: 실제 생활 속의 이야기를 통해 협동을 배우고 적용한다.

> 협동의 소중함을 알게 된 현우

현우에게는 누나와 남동생이 있습니다. 다른 친구들은 누나와 동생이 있는 현우를 부러워했습니다. 현우도 집에 오면 누나랑 동생이랑 같이 재미있게 놀 수 있어서 정말 좋았습니다.

그런데 어느 날 엄마가 감기에 걸리셨습니다. 그래서 누나가 출장을 가신 아빠와 편찮으신 엄마를 대신해 저녁을 차려 주었습니다. 현우는 밥을 먹고 동생과 재미있게 놀았습니다. 하지만 누나는 혼자 설거지를 했습니다. 뿐만 아니라 설거지를 마친 다음에도 빨래를 개고, 집 안을 청소하느라 무척 바빴습니다. 그 모습을 보고 엄마가 현우를 부르셨습니다.

"현우야, 현우가 누나를 도와주면 어떨까? 누나 혼자서 엄마 대신 집안일을 모두 하기에는 힘이 들 거야."

엄마의 말씀을 듣자 현우는 누나에게 미안해졌습니다. 그래서 다음 날부터 누나를 돕기 시작했습니다. 동생도 같이 하겠다며 도왔습니다. 누나 혼자서 집안일을 했을 때는 시간이 오래 걸렸는데, 세 명이서 같이 하니 무척 빨리 끝났습니다. 누나가 고맙다며 현우와 동생의 머리를 쓰다듬어 주었습니다. 현우는 마음이 뿌듯했습니다.

누나가 혼자서 집안일을 하는 것보다 세 명이 함께 할 때 집안일이 훨씬 빨리 끝났습니다. 여러분도 이처럼 힘을 합쳤을 때 일이 쉽게 끝났던 경험이 있으면 적어 보세요.

힘을 합쳐 만든 우리 교실

새 학기가 시작되어, 4학년이 되었습니다. 정들었던 3학년 교실을 떠나 낯선 4학년 교실에 처음 들어섰을 때 우리 모두는 깜짝 놀랐습니다. 창틀에 놓여 있는 화분의 꽃은 다 시든 상태였고, 교실 뒤쪽 '우리들 솜씨' 벽에 걸린 액자 중에는 유리가 깨진 것도 있었습니다. 그리고 책상 위에는 먼지가 쌓인 채로 있었습니다.

그때 선생님께서 말씀하셨습니다.

"얘들아, 교실이 정말 지저분하지? 우리 함께 교실을 청소해야겠구나. 만약 몇 사람만 정해서 한다면 굉장히 오래 걸릴 거야. 하지만 우리가 모두 힘을 합쳐서 노력한다면 오늘 안에 예쁜 교실을 만들 수 있어. 그게 바로 협동이란다."

친구들은 선생님의 말씀을 듣고 구역을 나눠서 청소를 시작했습니다. 키가 큰 친구들은 높은 곳에 있는 액자를 내려 주었고, 힘이 센 친구들은 무거운 책꽂이를 옮겨 주었습니다. 여자아이들과 선생님은 책상을 깨끗이 닦았습니다.

모두 힘을 합쳐 노력했더니 어느새 교실이 깨끗해졌습니다. 앞으로 이 교실에서 선생님, 친구들과 즐거운 추억을 만들 수 있을 것 같아 기분이 좋습니다.

주어진 일을 함께하는 **협동**

모두가 힘을 합한다면 어려운 일도 빨리 끝낼 수 있습니다. 여러분도 이와 비슷한 경험이 있으면 말해 보세요.

여러분은 맡은 일을 잘해서 칭찬받은 경험이 있나요? 함께 이야기해 보고, 앞으로 비슷한 일이 생기면 어떻게 할 것인지 생각해 봅시다.

1) 협동으로 문제를 해결해 보세요

협동으로 문제를 해결할 수 있습니다. 다음 활동을 해 보세요.

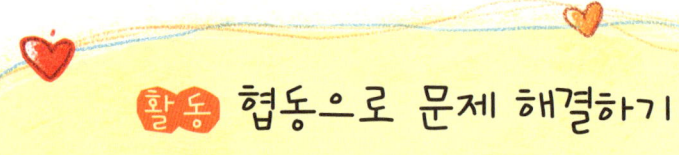 협동으로 문제 해결하기

목표: 협동 활동을 통해 문제를 함께 해결해 가면서 협동의 중요성을 이해한다.

준비물: 모둠 행동 계획서

방법

1. 선생님의 지시에 따라 모둠을 나눕니다. 각 모둠에 참여한 사람은 아래의 예를 보고 한 사람씩 역할을 맡습니다. 또 모둠별로 필요한 새로운 역할도 만들어 봅니다. (예: 진행하는 사람, 기록하는 사람, 칭찬하는 사람, 준비하는 사람)
2. 각 모둠별로 함께 해결해야 할 문제를 서로 의논하여 정합니다. (예: 수업 태도 바르게 하기, 교실을 깨끗이 청소하기, 글씨 예쁘게 쓰기 등)
3. 문제 해결을 위해 자신이 맡은 역할로 어떤 일을 할 수 있는지 이야기를 나눕니다.

재미있는 성품학교 2-2단계

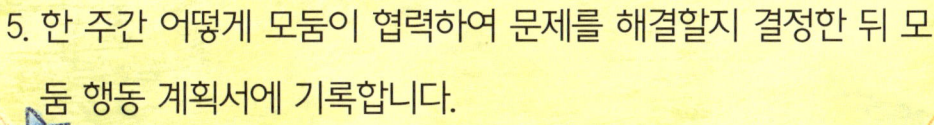

4. 자신이 말한 대로 실천할 것을 다짐합니다.

5. 한 주간 어떻게 모둠이 협력하여 문제를 해결할지 결정한 뒤 모둠 행동 계획서에 기록합니다.

협동으로 문제를 해결했을 때 어떤 점이 좋았나요?

월   일   요일   날씨

숙제: 모둠끼리 협동하여 모둠 행동 계획서에 기록된 대로 실천하고 점검해 오기.

4. 점검 및 확인하기

> 수업 목표: 실제 생활 속에서 협동하여 주어진 일을 하는 습관을 기른다.

모둠 행동 계획서 확인하기

모둠끼리 토의했던 모둠 행동 계획서를 여기에 옮기고 실천해 보세요.

문제 해결 실천 사항	월	화	수	목	금
1.					
2.					
3.					
4.					
모둠에서 도와주어야 할 것들					

잘했으면 ○표, 중간은 △표, 못했으면 ×표 하기

지난주에 우리 모둠은 협동을 잘했나요?

협동을 더 잘할 수 있는 방법은 무엇일까요?

친구들과 협동하면서 새롭게 깨달은 것을 적어 보세요.

1) 서로 이야기해 보세요

　지난주 집과 학교에서 있었던 모둠의 협동 활동에 대해 이야기를 나누어 봅시다. 다음 활동을 해 보세요.

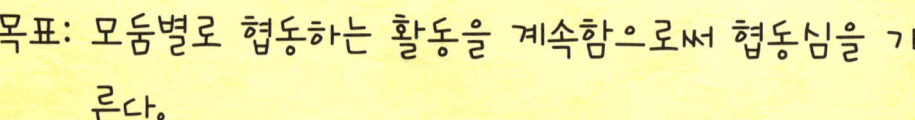 모둠 행동 계획서 나누기

목표: 모둠별로 협동하는 활동을 계속함으로써 협동심을 기른다.
준비물: 모둠 행동 계획서, 성품 노트, 칭찬 스티커

방법
1. 각 모둠별로 모여서 지난주 실천한 행동 계획서를 보며 이야기를 나눕니다.
2. 모둠에서 '칭찬하는 사람' 역할을 맡은 어린이는 훌륭한 협동심을 보인 친구에게 칭찬의 말을 해 주며 성품 노트에 칭찬 스티커를 붙여 줍니다.
3. 아직 문제를 해결하지 못한 친구가 있다면 모둠에서 어떻게 도와줄 것인지 논의합니다.

앞으로 우리 모둠이 협동을 더 잘하려면 어떻게 행동해야 할까요?

2) 정리하고 결심해요

다음은 지금까지 배운 협동에 대해 다시 한 번 정리한 것입니다. (   ) 안에 들어갈 말을 적어 보세요.

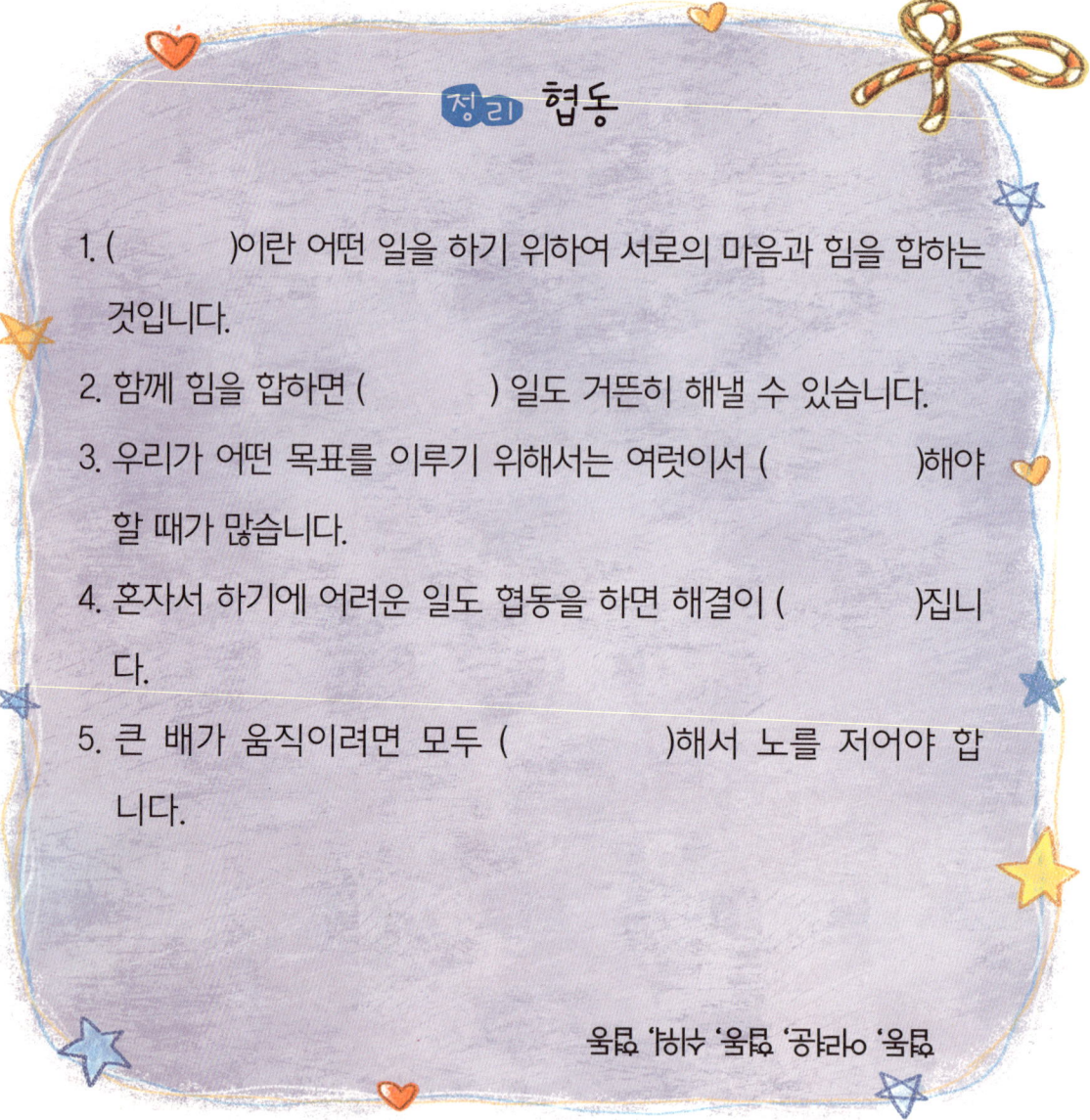

정리 **협동**

1. (   )이란 어떤 일을 하기 위하여 서로의 마음과 힘을 합하는 것입니다.
2. 함께 힘을 합하면 (   ) 일도 거뜬히 해낼 수 있습니다.
3. 우리가 어떤 목표를 이루기 위해서는 여럿이서 (   )해야 할 때가 많습니다.
4. 혼자서 하기에 어려운 일도 협동을 하면 해결이 (   )집니다.
5. 큰 배가 움직이려면 모두 (   )해서 노를 저어야 합니다.

협동, 어려운, 협동, 쉬워, 협동.

이제 협동에 대한 수업이 끝났습니다. 앞으로 어떻게 행동할지 결심한 것을 말해 보세요.

함께 협동한 모둠 친구들의 이름을 적어 보세요.

재미있는 성품학교는 학교나 가정, 단체에서 수준별로 쉽게 훈련하도록 구성되어, 총 24가지의 성품을 매월 1가지, 1년 총 8가지씩 3단계로 학습하도록 구성되어 있습니다.

1단계 — 인성의 기초를 다지는 성품 훈련
경청, 순종, 질서, 배려, 책임감, 용기, 정직, 창의성

2단계 — 사회 적응력과 인간관계를 발전시키는 성품 훈련
인내, 신중함, 성실, 신뢰, 솔선, 자신감, 존중, 협동

3단계 — 탁월한 리더십을 발휘하게 돕는 성품 훈련
지혜, 분별력, 결단력, 융통성, 절제, 겸손, 포용력, 사랑

적응 능력과 창조 능력을 극대화할 수 있는 성품의 계발로 아이들은 다음과 같은 효과를 누릴 수 있습니다.

- 양심의 소리를 듣고 옳고 그름을 구별하는 능력이 계발됩니다.
- 자아 존중, 자기 통제력, 교우 관계, 사회성이 향상됩니다.
- 다양한 성품 계발을 통해 문제 해결 능력과 사회 경쟁력이 높아집니다.
- 학교와 가정, 사회에 기여하는 탁월한 리더의 소양이 형성됩니다.
- 세계 어디서나 발휘할 수 있는 국제 수준의 리더십 역량이 갖춰집니다.

〈세계 명작 생각 동화〉 시리즈가 출간되었습니다!

24가지 성품이 담긴 신개념 성품 동화가 아시아코치센터의 어린이책 브랜드 이야기상자에서 출간되었습니다. 억지스럽게 인성을 강요하는 것이 아니라 아이들이 재미있게 읽어 나가면서 자연스럽게 자신의 행동을 돌아보고, 올바른 성품을 기를 수 있도록 구성한 성품 동화! 국어와 논술 실력까지 키워 주는 성품 동화! 세계적인 리더로 자라날 우리 아이들의 필독서입니다.